长江人文馆
Humanities

名家名传书系

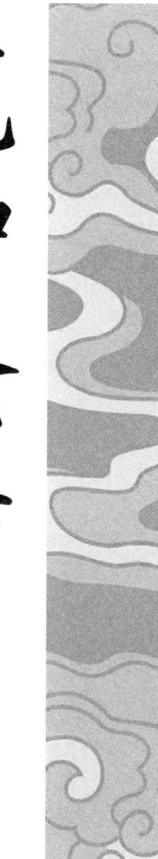

程应镠——著

范仲淹传

长江出版传媒　长江文艺出版社

图书在版编目（CIP）数据

范仲淹传 / 程应镠著. -- 武汉：长江文艺出版社，2024.1
（长江人文馆. 名家名传书系）
ISBN 978-7-5702-3262-8

Ⅰ.①范… Ⅱ.①程… Ⅲ.①范仲淹（989-1052）－传记 Ⅳ.①K827=441

中国国家版本馆 CIP 数据核字（2023）第 139371 号

范仲淹传
FAN ZHONGYAN ZHUAN

责任编辑：张 贝　　　　　　　责任校对：毛季慧
封面设计：颜森设计　　　　　　责任印制：邱 莉　杨 帆

出版：长江出版传媒　长江文艺出版社
地址：武汉市雄楚大街 268 号　　邮编：430070
发行：长江文艺出版社
http://www.cjlap.com
印刷：湖北金港彩印有限公司

开本：640 毫米×970 毫米　　1/16　印张：13.75
版次：2024 年 1 月第 1 版　　　2024 年 1 月第 1 次印刷
字数：173 千字

定价：36.00 元

版权所有，盗版必究（举报电话：027—87679308　87679310）
（图书出现印装问题，本社负责调换）

程应镠先生与他的《范仲淹传》

虞云国

程应镠先生（1916—1994），笔名流金，是著名的历史学家与历史教育家。作为上海师范大学历史学科的奠基者，他创建了上海师范大学历史系与古籍研究所；长期从事魏晋南北朝史与宋史研究，曾任中国魏晋南北朝史研究会顾问，中国宋史研究会副会长兼秘书长；主要著作有《南北朝史话》《范仲淹新传》《司马光新传》与《流金集》等。

这册《范仲淹传》（下称《范传》）1986年由上海人民出版社初版，2010年收入该社印行的《程应镠史学文存》，2016年该社列为"名家名传"再出新版。如今长江文艺出版社将其作为"名家名传书系"之一本再次推出，足见其郁勃的生命力。

付梓在即，承蒙雅意，命撰小文，对这部名传作些评介。作为受业弟子，深致谢忱之余，自然义不容辞。

一

因为《岳阳楼记》篇末的名句，范仲淹的名字是颇为世人所知的。作为历史人物，范仲淹在宋代就获得崇高的评价。新儒学大师朱熹赞许道："本朝惟范文正公振作士大夫之功为多"；学者吕中推重说："本朝人物以仲淹为第一"，都肯定他以自身光风霁月的精神典范开出高山仰止的宋儒气象。金元之际的元好问称扬他,"求之千百年之间,盖不一二见";晚明李贽推扬他,"宋亡,范公终不亡也",也都意在表彰其高尚人格对中华民族的永恒影响犹如"云山苍苍,江水泱泱"。

对《范传》的撰著情况,流金师《自序》已有叙述;我仅据当年所见,结合后出书函,略作补充或说明。

《自序》交代作传缘起说:1937年借读武汉大学,泛览名人传记,"二十多年后,被迫离弃学问,也没有钱买书,偶然得读《陆游传》,产生了为范仲淹写一本传记的念头。"流金师"被迫离弃学问"是因1957年那次运动,偶然得读的即朱东润的《陆游传》,该书1960年8月由中华书局上海编辑所印行初版。这年9月底,流金师摘去"右派分子"帽子,有诗明志寄友人云:"未尽涓埃伤往事,宁思安乐惧长途?"尽管历经坎坷,仍思涓埃报国,灼然可见范仲淹"不以物喜,不以己悲"的精神感召。大约次年,他有《读朱东润作〈陆游传〉两首》,据此似可推定他起念作传的年份。但大环境仍不容许他自由做学问,只能念想而已。

据《程应镠自述》说:"1971年点校《宋史》,宋事知道得多了,对范仲淹这个人也了解得多,也更有感情了。1979年便决定为他写传。"当时改革伊始,百废待兴,流金师刚复出,忙得不亦乐乎;更不幸的是,1982年春,他查出癌症,后虽经治愈,但卧病有时,进度受阻。大约是年起,出版社已指派资深编辑顾孟武接洽编辑事宜,但流金师正忙于为他与邓广铭先生主编的《中国历史大辞典》"宋史卷"最后定稿。这年8月,他致函顾孟武要求宽限:"年余忙于《大词典》宋史分册,《范仲淹传》还未执笔。希望明年三月分册交稿后,即开始写此传,争取在冬天交稿。"但即便养病期间,他仍"天天抄录已经阅读过的有关范仲淹的材料,依年代顺序,誊满了两本笔记本"(《程应镠自述》)。

次年 3 月，流金师函告编辑进度说："病中屡承存问，亦所心感。《范传》拟先作平生事迹著作编年，已作到庆历四年，还差八年未作，过两天将继续作下去。估计七月可动手写传，国庆前可写完。做编年的工作量较大，七九年开始，时断时续，这回集中工作了五个月，后三个月每日工作时间都在六小时以上，大约算起来也有三年了。"时隔一月，他在致老友天蓝信里说："近准备写《范仲淹传》，已作生平事迹著作编年长编，本月内可以全部做完，打算暑中动笔写。"

这年暑假，《范传》开笔，但开学后又因冗务缠身被迫中断写作。1984 年 3 月，他驰函顾孟武大叹苦经："《范传》还是去年暑中写了五万多字，秋后即为所中及过去承担下来的工作所扰。续写恐须待夏秋了。十分抱歉！"由于只能时断时续地利用寒暑假或节假日，《范传》撰著竟历时两年。

1985 年 7 月底，书稿终于杀青，8 月 2 日为作《自序》。8 月 7 日，函告顾孟武："《范仲淹传》已写毕，共十五万字。你什么时候有空，请来舍间一叙，顺便可携去。还有一些工作要出版社请人做的：两幅图片和两幅地图。"8 月 19 日，顾孟武取走书稿；25 日，流金师给编辑"寄范仲淹画像及手迹有关材料。"12 月 19 日，致函顾孟武说："昨日奉手书，知《范传》已发稿，很高兴，希望明年能和读者见面。北图宋本范集，亦已托近史所沈自敏同志和北图联系，估计必可速为摄寄也。"凡此都见他对这册《范传》的重视。

之所以不厌其烦地缕述从前期资料准备到后期执笔完稿的曲折细节，旨在强调两层意思。

其一，《范传》是流金师复出后在其一生最繁剧的岁月里身罹痼疾后抱病奋力完成的，整个成稿过程真说得上"看似平易实艰辛"。据我所知，他在这一期间既要主持历史系日常系务，又要忙于创建古籍研究所，筹划古典文献专业，为古籍整理申报市重点学科，还要亲自为本科生与研究生讲授专业课；与此同时，他还参与了新时期史学界诸多的兴革大事，例如受聘为《中国历史大辞典》编委与《宋史卷》主编，受命筹备中国宋史研究会成立大会，与邓广铭先生等共创中国宋史研究会，并以秘书长身份主持研究会日常事务。我因亲见那几年里流金师夙兴夜寐的忙碌身影，故特别披露这部仅十余万字的《范传》为何竟前后费时六年的真实内情。

其二，即便在公务鞅掌、百事丛脞的情况下，流金师仍然挂念心系着《范传》的进度，这种感情在致函编辑时发自肺腑而溢于言表。借助《范传》摹写出由衷钦慕的范仲淹，他深感这是表达自己人格追求与价值操守的史家使命。这点他的《自序》已有夫子自道，这里再引他在其他场合的心声，阐明他执念为范仲淹立传的原因。《范传》起笔前，他致函友人天蓝说：

> 想为范作传已经很多年了，我要从他和人的关系中来写他，搜集材料，在这方面花的力气也最多。"先天下之忧而忧，后天下之乐而乐"，是对孟子"乐民之乐者，民亦乐其乐；忧民之忧者，民亦忧其忧。乐以天下，忧以天下"的继承。这是很高尚的，我认为"为人民服务"就是这种忧乐观的发展，要大力阐述与宣传。（拙编《程应镠先生编年事辑》第459—460页）

而在《范传》出版后，他给友人去信说：

> 我为范仲淹作传，用了不少心血。这一时期的士大夫，思想上不守汉唐注疏，政治上梦想三代，有很全面的文化修

养,远非明清可比。(同上第551—552页)

流金师为历史人物作传应受朱东润的影响,但他的两部名传都选宋贤为传主,就不能仅以他谙熟宋史作为唯一的解释,关键在于他意欲寄托精神上的崇仰。《范传》脱稿不久,他致函友人说:"正准备为司马光作传,对这些人,我总有点偏爱。"显然,他正是以范仲淹与司马光这样的宋儒先贤作为终生向往的人格典范,也希望以自己的史笔让这种风范永远感召中华民族的子孙后代。

二

对研究历史人物的意义与方法,流金师发表过《谈历史人物的研究》(《历史研究》1984年第2期),而《范传》正是依据其论文阐述的思想方法,对历史人物的研究与人物传记的撰著,进行了独具特色的探索和创新。

《范传》的特色之一,是把历史人物放到他所处的那个特定时代去研究,去描写时,主要不是袭用正面大段论述时代背景的老套做法,而是通过着力研究和勾勒传主与他同时代人的关系来加以展示的。流金师曾自道作法说:"我以为要认识一个人,要从他对待各种关系中去认识;要写一个人,要从他如何处理各种关系去写。"惟其如此,他对范仲淹与宋仁宗、刘太后、吕夷简、韩琦、富弼、尹洙、滕宗谅等人的关系,着墨最多,用力尤深;对当时历史舞台上一大批风云人物,例如晏殊、孙复、胡瑗、林逋、梅尧臣、欧阳修、李觏、石介、张载、王曾、杜衍、庞籍、范雍、蔡襄、种世衡、狄青……,也以健笔逐一写出范仲淹与他们的公谊或私交。即使是那些正史无传的小人物,在钩稽传主与他们关系时，流金师也力图小中见大，既烘托出范仲淹所处的时代，又映照出范仲淹人格中闪光的金子般的东西，传主与姚嗣宗关系的刻画就是这样的例证（86—87页）。粗略估计一下，《范传》涉及与范仲淹有各种各样社会关系的人物不下百余人。正是由于这种另辟蹊径的历史人物个体和群体关系的研究，使得对传主的个体研究获得了更为广阔真实的社会背景和时代氛围，向读者展现了11世纪前半叶北宋历史的长卷。乍一看，似乎正面渲染、论述传主的篇幅被压缩了，但范仲淹的高风亮节因有他与同时代人关系的浮雕作为背景衬托，反而更显得主体凸现、光彩照人。

《范传》的特色之二，是把历史人物放到文化传统发展的长过程中去考察，去勾画，从而使这部传记具有相当的广度和深度。"以天下为己任"，是范仲淹思想行事中的精华；他当然还有其他的行为准则和道德风范。在这些方面，范仲淹是有所继承，也有所创新的，既有时代惠赐与自己建树的东西，也有传统积淀与历史赋予的成分。文化学研究中把具有不可选择性的文化传统称为文化的前结构，历史人物（尤其是文化史人物）的研究也必然要在这个问题上发掘与探索。流金师以其对中国文化传统的深刻把握，从更广的视野上剖析了这一问题，指出"阅古儆今，在仲淹思想中是很突出的"（168页）。流金师向来主张道德、文化的继承是具体的，《范传》作为个案研究表明了这点。孟子以为"乐民之乐者，民亦乐其乐；忧民之忧者，民亦忧其忧。乐以天下，忧以天下"，这种思想对范仲淹的直接影响，是不言而喻的（53页）。"穷则变，变则通，通则久"，作为庆历新政的改革思想，也与六经之首的《易》有关，但北宋人对《易》的理解要深刻得多（113页）。此外，羊祜的遗爱在民（145页），狄仁杰的忠孝刚正（56页），八司马的勇于改革（57页），寇准的忠于谋国（14页），乃至伯夷的独立特行（173页），范蠡的功成身退（61页），都对范仲淹的思想行为起着或多或少、或积极或消极的作用。甚至范仲淹三年苦读长白山，唐代王薄在这里揭竿而起的故事，或许也减少了他对农民起义的成见（4、107—108页）。对范仲淹究竟在哪些方面继承或推进了传统道德，自然可以仁者见仁、智者见智，但《范传》所注重的研究角度与方法，对历史人物，尤其文化史上人物的研究应该说是富有启迪的。

《范传》的特色之三，是对历史人物全面的研究与刻画。作者认为："人是复杂的，对一个人的了解，要全面。有了全面的了解，写起来就有血有肉。"（《谈历史人物的研究》）像范仲淹这样的历史人物，既是政治改革家，又是边防名帅；既是后人推崇的道德典范，又是为时称颂的诗文名家；既曾贵为执政大臣，位尊权重，也曾黜为州郡牧守，政闲权微，更具有复杂性。《范传》在着重写出传主思想、事业最本质最主要的那些部分的同时，对其性格、情绪、爱好、行事的其他侧面也钩隐索微，作了全面研究和描写。范仲淹兴学主张与办学事迹（20、117—118页），论文见解（18、153页）与诗词风格（59、72、157页），喜爱音乐与雅好书法（7—8、172—173页），谪守饶州时与僧道的往还（52页），安抚河东时对江南的思慕（133页），都一一书入《范传》。像许多传统士大夫一样，范仲淹思想中也兼有道家消极思想的成分，起过"不问通塞"、"退者道止"的念头（53、57、136页）。流金师对此也并不隐讳否认，但认为只不过是"一时兴来的梦想"（57页），不是其思想的主流，而"先天下之忧而忧，后天下之乐而乐"才是其思想中本质的东西。由于这样的评价是产生在对传主的全面研究之后，就更有说服力。

《范传》的特色之四，是炉火纯青地将史学论著的严谨与文学传记的优美融为一体。流金师是宋史专家，在网罗史料考订辩证的基础上，先作成详尽的传记长编，然后提炼出十余万字的正文。这种采用司马光著《通鉴》的方法，使《范传》具有史学著作的实证性。有些行文，看似寥寥数行，却蕴含着他多年来研究宋史的独到见解。例如，对宋真宗"神道设教"的评论（9页），对范仲淹新政思想的探源（21—22页），对作为庆历新政核心的整顿吏治之所以首择官长的论述（109—110页），对林逋这位遗落世事的隐士之所以备受执着用世的北宋仕宦倾慕的分析（17页），对梅尧臣与范仲淹关系渐疏的探讨（50—51、176页），对范雍客观公允的评骘（66、70、150页），都别有新见。而对范仲淹仅在少年时代到过一次洞庭湖和岳阳楼的考证，也可使文史学界省去那些无谓的争论。至于对宋夏战事与庆历新政的论述，其分量与见地犹如两篇研究有得的专题论文。传记文学的写作，任何作者都不可能绝对地超然物外，流金师更是笔端时带感情，加之他早年曾从事文学创作，文字隽丽凝炼，因此文情并茂的段落随处可见。范仲淹谪守睦州凝睇富春江（35—36页）和幼过洞庭、老撰名篇（2—3、151—152页）等章节，都是写得情深韵长的，完全称得上诗人写史。流金师对古典诗文有着精湛的素养，不时恰到好处地征引范仲淹的诗文，既作为形象、可靠的史料，又大大增加了作品的文学趣味。在具体写法上，流金师继承了自司马迁以来我国传记文学的优秀传统，遵信"论从史出"的原则，行文"不作渲染也不发议论"，"夹叙夹议也尽量避免"，而是"着力于叙事"（《自序》），取得了他所预期的"其论自见"的效果，达到了史学与文学的完美结合。

《范传》作为一部学术价值颇高的传记著作，既是当年宋史学界的一项新成果，同时代表了当时学术界对范仲淹研究的新水平，对整个历史人物的研究也启示良多。

三

在《范传》问世之前,对范仲淹这样伟大的历史人物,中国大陆唯有《中国历史小丛书》里一册薄薄的《范仲淹》,印刷字数仅一万八千字,这未免是史学界巨大的缺憾。由此足以表明,《范传》无愧为大陆学术界第一部有分量的范仲淹传记,具有不容忽视的学术地位。尽管在《范传》初版以后的数十年间,范仲淹研究已成为宋史研究的亮点之一,范仲淹的传记也佳作迭出,但这些并不能湮没流金师《范传》的神韵与光彩。

《范传》作为流金师重获自由从事研究后的第一册专著,更兼倾注了自己的偏爱,他分赠学界的名家与挚友,同时关注各种反馈的意见。我编著《程应镠先生编年事辑》时有幸获见流金师的藏札,现将其中熊德基与周一良的评语转引如下,以见《范传》的学术价值。

1987年2月,熊德基来函云:

> 病中惟一消遣,即读大作《范仲淹新传》。范氏为我生平钦佩之先圣。……今读大作,写得极好,对他生平事迹,多来【引】其诗文。……吾兄写此英杰,用文学笔墨,写平生交游,态度客观。洵是炉火纯青之作。

1987年3月,周一良来函说:

> 尊著深入浅出,无一事无依据,而文字清新活泼,引人入胜。尤其穿插大量诗句,而叙友朋关系,烘托传主,更觉形象丰满。书中论到县专人选及办学等条,今日读之,也大

有现实意义。

网上流传有 1987 年岁末流金师致顾孟武函,其中说:

> 书出后,周一良、邓广民(铭)都有信来,颇为赞赏,以为材料确实,不独文笔见长也。

流金藏札未见邓函,周函录文即上所引;看来,流金师对《范传》的史实有证与文笔可读还是自感欣慰的。

流金师去世不久,王钟翰致函师母深表悼念说:

> 《范仲淹新传·序》有言:"文如其人","读其书想见其为人",不啻夫子自道,流金兄可以不朽矣!

王钟翰是清史大家,他与流金师在燕京大学时是同窗兼好友。应该纠正的是,他所引的话并非出于《范仲淹新传·自序》,而是来自流金师的《谈历史人物的研究》,但这一误引恰恰印证他读《范传》之际,留下了此书不啻是流金师夫子自道的真切印象。

历史函档的这些评说应该远胜于我的絮絮叨叨。但写小文时,我重读一遍《范仲淹传》,不禁再次涌起"读其书想见其为人"的仰慕之情!

自　序

　　一九三七年十月，借读武汉大学，没有心思读书，便泛览名人传记，时忆幼年读《史记》的快乐。二十多年后，被迫弃离学问，也没有钱买书，偶然得读《陆游传》，产生了为范仲淹写一本传记的念头。陆游是我极为佩服的一位爱国诗人，僵卧孤村，还有着为国远戍的梦想。那一位以天下为己任、忠于谋国、明于知人的人的名言——先天下之忧而忧，后天下之乐而乐——也是常常使我为国忘身的。一个偶然的机会，使我接触了大量的宋史资料；又过了三十年，我又可以自由地做学问了，于是，便决定为范仲淹写一本传记。一九八〇年开始，断断续续读《范文正公集》，随手做一些摘要，抄一些警语。读完了，便忙于定《历史大词典·宋史》的稿子，然后便是生病，住医院。这是八二年的春尽。出院时，已是盛夏，什么事也不能做，休息在家。旧藏宋人笔记多种，用以遣日，浏览所及，有关范仲淹的则漫录之。大约从十月开始，便在楼钥所作年谱的基础上，作传记长编，断断续续，花了一年的时间。八三年秋天，开始写第一章少年时代；寒假多暇，上午没有人来，往往能成二三千字。八四年一个夏天，又断断续续地写，直到今年七月二十日，才全部写完。又花了十天时间，作事迹著作编年，这只是利用传记长编所搜集的资料和随事而作的考证加以简化，有些则是在传记中所没有提到的。做完了这一切，七月也就完了。这一天，正是四十七年前我从南昌动身去昆明的日子。

我早就有一种为这部传记写一篇序言的冲动。抗日战争的烽火，使我从北平至天津，转由秦皇岛直航上海，回到了故乡。然后又由武汉至潼关，渡过黄河，转战晋西吕梁、姑射山中。三八年春尽，又渡过黄河至延安，自延安南行，六月至武汉，在故乡又留了一个月。我曾把这一年所写的文章集编为《一年集》，列入《烽火丛书》，由文化生活出版社在桂林出版。这个集子是四〇年夏初编成的，我知道它出版，已是两年之后。在洛阳作了一篇序，送给一个刊物发表；这个集子四八年在上海重印，我事先一点不知道，这篇序也就为读者所不知，我自己不久也淡忘了。但我一想到这件事，总觉得有些遗憾。

我第二本书是在极为困苦的条件下写成的。当时，谁都不会发表我的文章，更不会出我的书。由于老友的见怜，要我在一套《中国历代史话》中选作《南北朝史话》。书写完了，很想写一篇序。六一年和六二年，对于历史问题，不同的意见已见于报端；六四年的初夏，又在酝酿一场批判。我对当时讨论的历史问题和批判，是有自己的想法的，虽然我并不相信自己这些想法一定正确。经过史话的写作，这些想法更明确了，很想写一篇序，但这个念头，只在脑子里转了一下，便放弃了。书稿是六四年春天交出的，这年初冬，出版社正式通知不能出版了。直到一九七八年，我校完了七七年在北京修改后的稿子，才写了一个后记，但所说的已经不完全是六四年我所想说的了！

任何一位作者，在他完成一部著作，或编成一个集子的时候，都是想说一点什么的。我过去却没有这样说话的条件，都只是在书出版之后，或将要出版之前，说一点可以说的话。

《范仲淹新传》写作之前，我考虑了很久怎样研究历史人物的问题。研究历史人物和研究历史一样，三十年来，都受到"左"的干扰，没有上正路；特别是代表封建地主阶级的历史人物，即帝王将相，是完全被否定了。要为这些人"树碑立传"，不仅要受到谴责，还被认为是犯罪的行为。八三年上海师院校庆，我在古籍整理研究所就这个问题作了一次学术报告。十月去贵阳，在贵州大学又讲了一次。十一月去南昌，又在江西师范大学讲了一次。江西是我的故乡，我情不自禁地讲到了文天祥和方志敏，欧阳修和陈寅恪。回到上海，因《历史研究》创刊三十周年征文，我便写成了《谈谈历史人物的研究》那篇文章。《范仲淹新传》的写作，当然就成为我在那篇文章中所论述的思想的实践。

为范仲淹作传，我着重研究了他和他同时代的人的关系。对待宋仁宗，对待刘太后，对待晏殊，对待吕夷简，根据可信的材料，都做了叙述。对西夏用兵，韩琦、尹洙主张进攻，仲淹却以为只能防御，朝廷接受了韩琦的意见，但他和韩琦、尹洙毫无芥蒂，其后不仅交厚，而且言深。为了处理晁仲约对待"劫盗"的事，他和富弼争得面红耳赤，富弼始终不赞成他的意见，他对富弼却没有任何疙瘩。契丹发兵进攻呆儿族，仲淹去河东之前，分析了这一情况，以为契丹将要撕毁和约，请发兵河东，豫为之计，否则他不能去。杜衍、韩琦不赞成他的分析，也不同意他的请求，在仁宗面前和他争论。韩琦甚至说，仲淹不去，我去，不要朝廷发一骑一兵。事过之后，仲淹去了河东，朝廷没有发一兵一卒，他也不把这件事放在心上。他的好友滕宗谅，有才能，有胆识，在庆州的时候，郑戬告他滥用公用钱，范仲淹极力为他辩护。仲淹和郑戬是连襟，对他很敬重。当月谏官欧阳修，也为滕宗谅辩护。仲淹也没有因为这样与郑戬失和。庆历新政失败，对于比他年轻的韩琦，殷勤期待的是"早归柄任"。这一切事实，完全说明了一位胸怀天下，以仁义为心，时时以为有仁义可行的人的志向。我在写《范仲淹新传》的时候，就努力把这样的事实叙述清楚，不作渲染也不发议论。

封建社会中，非常重视一个人的德，而所谓"德"就是事君事父，也就是所说的仁义礼乐孝弟忠信。南宋朱熹，编了一部《五朝名臣言行录》，又编了一部《三朝名臣言行录》，他所持的标准，就是这个德。范仲淹是一位"少有大志"的人，欧阳修说他："事上遇人，一以自信，不择利害为趋舍。"他自己说："不以物喜，不以己悲。居庙堂之高，则忧其民；处江湖之远，则忧其君。"他一生当中，做了一些事，但成功的不多。我常常想，为什么这样一个人，能得到当时以及后世的称赞。南渡偏安，刘宰以他为北宋第一人。金元遗山说他："在布衣为名士，在州县为能吏，在边境为名将，在朝廷则又孔子所谓大臣者，求之千百年间，盖不一二见。"（《遗山先生文集》卷三八）是不是这就是人们之所以称赞他的原因呢？我以为这是值得研究的。可以肯定的是他以天下为己任的思想，是封建士大夫思想的精华。五十年代，关于道德继承的问题，曾经展开过讨论。封建地主阶级的道德，是不是可以继承呢？从冯友兰先生、吴晗先生的议论中，可以看出，实际上他们都认为是可以继承的。但地主阶级的道德可以继承，不能为当时的理论界所许可，冯先生便创为抽象继承说，但继承却永远是具体的。列宁说："马克思的学说是人类在十九世纪所创造的优秀成果——德国的哲学、英国的政治经济学和法国的社会主义的当然继承者。"（《列宁选集》第二卷，四四一页）马克思主义三个组成部分所继承的，不都是那样具体么？

我在写这本传记的时候，对于这样一些问题，想得很多。有一些，像上面所说的，是想清楚了。但我不在这本书里发议论，夹叙夹议也尽量避免。我着力于叙事，以及与事相关联的人。我以为这样做好了，其论自见。论从史出，我是坚信不移的。

历史和历史人物是必须认真研究的。继往才可以开来。教育我们的青少年，叫他们有理想、有道德、有文化、有纪律，我以为必须十分重视历史和历史人物的教育作用。从孔夫子到孙中山，我国历史上有过无数的英雄人物，他们没有一个不是少有大志，或如山之高，或如海之深。他们对祖国，对人民，做出过各种不同的贡献。写这一本书，要说有什么目的，其目的也就是如此。

一九八五年八月二日

目 录

一、少有大志 ………………………………… 1
二、登进士第 ………………………………… 6
三、海角逢春 ………………………………… 12
四、"梅福官卑数上书" ……………………… 19
五、由秘阁校理出为通判 …………………… 23
六、皇太后之死与皇后之废 ………………… 29
七、"先生之风山高水长" …………………… 35
八、朋党之灾 ………………………………… 42
九、三出专城 ………………………………… 48
一〇、两浙之行 ……………………………… 55
一一、"大范老子"和"小范老子" ………… 64
一二、青涧城和好水川 ……………………… 72
一三、降官、让官 …………………………… 79
一四、大顺城 ………………………………… 86
一五、"西贼闻之惊破胆" …………………… 91
一六、宋夏和议与政局变化 ………………… 98
一七、得人则治,失人则乱 ………………… 104
一八、庆历新政 ……………………………… 111
一九、辩诬 …………………………………… 121
二〇、宣抚河东 ……………………………… 129

二一、"退者道之止" ……………………………… 136
二二、"步随芳草远" ……………………………… 142
二三、死生师友 …………………………………… 150
二四、"忧事浑祛乐事还" ………………………… 156
二五、重到杭州 …………………………………… 162
二六、最后的日子 ………………………………… 170

范仲淹事迹著作编年简录 ………………………… 177
参考书目 …………………………………………… 197

一、少有大志

北宋端拱二年（公元989年）八月，范墉在徐州（今江苏徐州）任武宁军节度掌书记，他最小的儿子范仲淹出生在徐州的官舍①。徐州是一个大地方，交通便利，一百年后，著名诗人苏东坡在这里和他的弟弟子由相见，住在徐州官舍一百多天。子由曾经有诗，说这里树木成林，夜里被风吹得簌簌作响的竹叶声，常常搅扰清梦②。

端拱距陈桥兵变已近三十年，北汉灭亡，宋太宗恢复南北统一的局面也有了十年。但契丹还占领着燕云十六州，前一年冬天，还攻占过易州（今河北易县）③，三年前，大将曹彬率军北攻，大败于岐沟关（今河北涞水东、新城西北）④。名将杨业苦战陈家谷口（今山西神池东、宁武北），被俘后三日不食、壮烈牺牲的事，人们还记

---

① 《范文正公集》附富弼撰《墓志铭》云："（范）墉博学善属文，累佐诸王幕府。端拱初，随钱俶纳国，终武宁军节度掌书记。"同书附《年谱》云："文正公即书记第三子也。……端拱二年己丑八月癸酉二日丁丑，以辛丑时生，二岁而孤。"同书卷一三《范府君墓志铭》云："先公五子，其三早亡，惟兄与我，为家栋梁。"《宋史》卷八五《地理志》："徐州，大都督，彭城郡，武宁军节度。"

② 《宋史》卷三三八《苏轼传》，《栾城集》卷七《逍遥堂会宿二首并引》。

③ 《续资治通鉴长编》（以下简称《长编》）卷二九系此事于端拱元年十一月，李焘自注并谓："易州陷，守将不知主名，亦不得其月日。"《辽史》卷一二《圣宗纪》谓："七年春正月甲辰，大军齐进，破易州，降刺史刘墀，守陴士卒南遁。"

④ 《宋史》卷五。

忆犹新①。就在这一年，文武官员向皇帝上书，提出抵御契丹的建议②。其中一个叫王禹偁的，对皇帝讲了西汉的历史，说汉文帝制服强盛的匈奴，是因为"外能任人"，"内能修德"；主张精简机构，并省官吏，节约开支，严格选拔官吏，重武轻文，信用有能力的大臣，放心让他们参决大政，不做无益之事，不重虚名，禁止游惰，以厚民力③。王禹偁当时任右正言、直史馆，是个很有思想的人④。三四十年后，范仲淹也向皇帝发出了和王禹偁约略相同的议论。

仲淹两岁，父亲范墉病死于徐州，遗骨归葬南方。范家原籍河北，后迁往江南，定居苏州吴县（今江苏苏州）⑤，有祖茔在天平山，范墉也就长眠在此山中⑥。

仲淹的母亲谢氏，这时年纪还很轻，改嫁了。她第二个丈夫叫朱文翰⑦。仲淹随后父和母亲到过许多地方。朱文翰曾在澧州安乡县（今湖南安乡）做过县官，仲淹跟着他经过岳州（今湖南岳阳）

---

① 《长编》卷二七，《宋会要辑稿》兵八之七，《太平治迹统类》卷三，《宋史》卷二七二《杨业传》。

② 《宋会要·蕃夷》一之一四、《长编》卷三〇载上备边御戎之策的，有宋琪、温仲舒、张洎、田锡等。《宋史》卷二六四《宋琪传》，卷二九三《王禹偁传》。

③ 《长编》卷三〇。《王禹偁事迹著作编年》端拱二年条引此文，曾作校订，可参阅。

④ 《续资治通鉴》（以下简称《续通鉴》）卷一四。

⑤ 见《范文正公集》卷一三《太子中舍致仕范府君墓志铭》："四代祖讳某，幽州人也。"另外，《宋史》卷三一四本传则云："其先，邠州（治所今陕西彬县）人也。"而《范文正公集》附富弼撰《墓志铭》又云："公之先，始居河内，后徙长安"，"四代祖隋，唐末为幽州良乡县主簿，遭乱，奔二浙，家于苏之吴县"。同书附《年谱》云："公昔远祖博士范滂，为清诏使，裔孙履冰，为唐丞相……世居河内。四世祖上柱国隋"，"咸通二年，任幽州良乡主簿……至十一年，迁处州丽水县丞。一支渡江，中原乱离，不克归，子孙遂为中吴人"。

⑥⑦ 《范文正公集》附《褒贤祠记》卷一《池州范文正公祠堂记》。

越洞庭而西①。岳州给他的印象是极深的，庆历四年（一〇四四年），他的好友滕宗谅重建岳阳楼，请他写了一篇《岳阳楼记》。文章中的名句，"先天下之忧而忧，后天下之乐而乐"，传诵至今九百余年，是大家都知道的。他对洞庭湖的描写，"若春和景明，波澜不惊，上下天光，一碧万顷"，"或长烟一空，皓月千里，浮光耀金，静影沉璧"，像画，也像诗。仲淹少年时，被那"衔远山，吞长江，浩浩汤汤，横无际涯，朝晖夕阴，气象万千"的洞庭湖所吸引，到了晚年，他笔下的湖光，依然是那么动心悦目。祖国河山的壮丽与秀媚，印在他心灵之中，是如此的深，如此多情。我们知道，仲淹除了这一回去过安乡外，此后便没有再到过湖湘，在湖边重吟古代大诗人屈原"袅袅兮秋风，洞庭波兮木叶下"的千古绝唱。

仲淹还随朱文翰到过池州（今安徽贵池）。池州在长江东南岸，著名的九华山就在它境内，后来他的好友滕宗谅即藏骨于此②。饶州（今江西波阳）在它的西南，景祐三年（一〇三六年）仲淹贬官来此，在《郡斋即事诗》中曾说："不负云山赖有诗。"③ 饶州的云山，和池州是相仿佛的。池州州治之东，有个县叫青阳（今安徽青阳）。距青阳十五里，有座山叫长山，终年云雾弥漫。仲淹少年时在

---

① 《范文正公集》卷二《文正公读书堂记》云："朱（文翰）宰澧之安乡，公侍母偕来，尝读书于老氏之室曰兴国观者，寒暑不倦，学成而仕。"

② 见《范文正公集》卷一三《太子中舍致仕范府君墓志铭》："四代祖讳某，幽州人也。"另外，《宋史》卷三一四本传则云："其先，邠州（治所今陕西彬县）人也。"而《范文正公集》附富弼撰《墓志铭》又云："公之先，始居河内，后徙长安"，"四代祖隋，唐末为幽州良乡县主簿，遭乱，奔二浙，家于苏之吴县"。同书附《年谱》云："公昔远祖博士范滂，为清诏使，裔孙履冰，为唐丞相……世居河内。四世祖上柱国隋"，"咸通二年，任幽州良乡主簿……至十一年，迁处州丽水县丞。一支渡江，中原乱离，不克归，子孙遂为中吴人"。

③ 《范文正公集》卷四。

这里读过书，后人纪念他，改此山名为读山①。

朱文翰于景德初任淄州长史，仲淹也来到淄州（今山东淄南），读书于长白山醴泉寺②。长白山是隋末农民战争大风暴开始的地方，其著名领袖王薄首先活跃于此；《无向辽东浪死歌》曾经响彻云霄，表现了我国农民阶级反抗压迫，勇敢无畏的精神③。三百多年后，这个两岁丧父，为一位比较贫困的知识分子所养育的青年，就在这里勤奋苦学。庆历五年（一〇四五年），当仲淹罢参知政事，出为邠州（今陕西彬县④），追忆少年时生活，和彭乘、李丁说："我过去和一位姓刘的同学，在长白山读书，每天煮两升粟米粥，冷了，切成四块，早晚吃二块。把蔬菜切碎，加半杯醋，少许盐，烧熟当菜，就这样过了三年。"⑤ 淄州长山人姜遵，为谏议大夫时，曾回家乡。仲淹和一些青年去拜见他，辞退时，姜遵请仲淹留下，把他介绍给夫人，说："他年纪虽然轻，却是个奇士，将来不仅要作显宦，还将立盛名。"⑥ 姜遵是一个能干的官吏，后来还做过枢密副使，对这位苦学的青年是很赏识的⑦。

的确，少年时，仲淹就胸怀大志。有人说他微时曾经在一座灵祠里祷问："我将来能当宰相吗？"神说不能。便道："不能当宰相，做个良医如何？"良相、良医，工作性质不相同，但为生民造福却是

---

① 《范文正公集》附《遗迹》："读山，在池州青阳县东十五里长山，公幼读书之地，人名之曰长山。"

② 《范文正公集》附《褒贤祠记》卷一、《年谱》。同书卷二《岁寒堂》三题云："某少长北地，近还平江。"此文当作于景祐初，时仲淹已四十六七岁了。

③ 《隋书》卷四、《资治通鉴》卷一八二。

④ 彬县：2018年撤县，设立彬州市。此处保留作者成稿原貌。全书有地名与今不一致者情况同此。——编者注

⑤ 《五朝名臣言行录》卷七之二引《东轩笔录》，《墨客挥犀》卷三。

⑥ 《宋人轶事汇编》卷八，《五朝名臣言行录》卷七之二，《涑水纪闻》卷一〇。

⑦ 《宋史》卷二八八《姜遵传》，《东都事略》卷五四略同。

相同的。职位高，为生民造福，是个好宰相；职位低，为生民造福，是个好医生。仲淹不作良相就作良医的思想，是那个时代知识分子思想的精华。用吴曾转录仲淹的话来说，就是："能及小大生民者，固为相为然。""在下而能及小大生民者，舍夫良医，则未之有也。"①

这一位少年时代愿为良相，愿作良医的人，在经过数十年宦海风涛之后，渐近暮年，便发出那像金子一样的声音：

> 先天下之忧而忧，后天下之乐而乐。②

---

① 《能改斋漫录》卷一三《文正公愿为良医》。
② 《范文正公集》卷七《岳阳楼记》。

二、登进士第

大中祥符三年（一〇一〇年），宋朝有个叫王济的人死了。他官做得不小，死在知洪州（今江西南昌）的任上。这个人是很有点远见的。澶渊之盟以后，朝廷上上下下都沉溺于升平之乐，王济却提醒皇帝要居安思危。在这之前，他和张齐贤在皇帝面前议论，以为北有契丹，西有西夏，两河、关西之地，年年被侵扰，不能说是天下太平了。皇帝颇为他的议论所动，单独问他应当怎样措置边防。他说："今天国家依靠的就只一条大河，这不行！要赶紧选用有能力、可当大任的人负责边事，不然，我真担心不久敌军就要饮马于黄河了。"① 临终时，他自草遗表，请求皇帝"进贤，退谀佞，罢土木不急之费"②。

六年前，即景德元年（一〇〇四年），契丹大举南下，真宗采纳寇准建议，亲至澶州（今河南濮阳）③，和契丹缔结了和约，这就是前面所说的澶渊之盟④。但寇准却因此在朝廷中陷于孤立，既为皇

---

①② 《宋史》卷三〇四《王济传》。
③ 《宋史》卷八六《地理》二开德府条云："开德府，上，澶渊郡，镇宁军节度，本澶州。"
④ 《宋史纪事本末》卷二一《契丹盟好》。

帝所忌，又为朝臣所怨①。对于寇准，仲淹是很佩服的。在仁宗即位之初，他就称赞寇准能当大事，"却戎狄，保宗社"，像山一样屹立，不为风雨所动②。

在澶州和契丹达成和议的时候，仲淹才十六岁，还没有复姓，随后父姓朱，名说。四年以后，朱说漫游关中③。关中为汉唐故都所在，对这个青年来说，当然会引起历史的兴亡之感。朱说在这里拜访了后来被他称为吏隐的王衮。王衮善诗，有正义感。任彭州（今四川彭县）通判，公开斥责知州的不法行为。他欢喜喝酒，对音乐也很爱好，人们说他"有嵇阮之风"。王衮的儿子镐，和朱说成了好朋友④。朱说这时候也欢喜音乐，曾经向大音乐家崔遵度学过琴⑤。王镐两位好朋友，一个叫周德宝，一个叫屈元应，都是道士，都善于琴。当时，他们都很年轻，朝暮相从，对什么问题，都欢喜议论。王家有别墅在鄠县（今陕西户县）山中，鄠杜一带，是关中风景胜地。王镐戴小帽子，穿白麻织的衣服，骑一头小白毛驴，和

---

① 《宋史》卷二八一《寇准传》云："河北罢兵，准之力也。……王钦若深嫉之。一日会朝，准先退，帝目送之，钦若因进曰：'陛下敬寇准，为其有社稷功耶？'帝曰：'然。'钦若曰：'澶渊之役，陛下不以为耻，而谓准有社稷功，何也？'帝愕然，曰：'何故？'钦若曰：'城下之盟，《春秋》耻之；澶渊之举，是城下之盟也。以万乘之贵而为城下之盟，其何耻如之！'帝愀然为之不悦。钦若曰：'陛下闻博乎？博者输钱欲尽，乃罄所有出之谓之孤注。陛下，寇准之孤注也，斯亦危矣。'"

② 《范文正公集》卷五《杨文公写真赞》。《渑水燕谈录》《皇朝事实类苑》（以下简称《类苑》）并谓仲淹作《药石诗》，为寇准辨诬。

③④ 《范文正公集》卷一四《鄠郊友人王君墓表》云："君讳镐，字周翰。……考衮，太子右赞善大夫。……居长安中。……祥符纪号之初载，某薄至止，及公之门。"

⑤ 《宋史》卷四四一《文苑传》三《崔遵度传》云："本江陵人，后徙淄州之淄川。……善鼓琴，得其深趣。"《范文正公集》卷六《唐异诗序》云："东宫故谕德崔公遵度，时谓善琴。……高平范仲淹师其弦歌，尝贻其书曰：'崔公既没，琴不在兹乎！'"同上书卷八《与唐处士书》云："东宫故谕德崔公……得琴之道，志于斯，乐于斯，垂五十年。……某尝游于门下。"

这几位朋友无拘无束地放歌吟咏。三十七年之后,仲淹为王镐作墓表,对这个别墅风景的回忆,依然如画:

  山姿秀整,云意闲暇,紫翠万叠,横绝天表。及月高露下,群动一息,有笛声自西南依山而起,上拂寥汉,下满林壑,清风自发,长烟不生。①

真仿佛是一个神仙世界。

  从关中回到长白山,朱说便别母到应天府(今河南商丘)②。

  应天府是戚同文的故乡。同文经历了五代的丧乱,"绝意禄仕",认为"人生以行义为贵",得到一位叫赵直的将军赞助,"筑室授徒",讲述儒家经典。大中祥符二年(一〇〇九年),曹诚又在戚同文故宅之旁,增筑学舍,藏书数千余卷。朝廷派同文之孙舜宾主持学务,以为府学,真宗题名为应天府书院③,后来和岳麓、嵩阳、白鹿洞等书院合称为宋代四大书院。朱说就在这里学习了五年。

  他读书非常勤奋。寒冬腊月,读倦了,用冷水浇浇脸,再读。学习生活也很艰苦,吃不上干饭,经常吃粥。南都留守的儿子和他同学,同情他,把他的学习情况告诉父亲。父亲叫儿子把官府为自己准备的饭菜送一份给他。他婉言谢绝,说:"我吃粥惯了,一吃好的,就要以吃粥为苦了。"④

---

  ① 均见《王君墓表》。文云:"予与君别三十七载,风波南北,区区百状。今兹方面,宾客满座,钟鼓在廷,白发忧边,对酒鲜乐。"据此,墓表当作于庆历五年。

  ② 《范文正公集》附《年谱》:"按《家录》云:公以朱氏兄弟浪费不节,数劝止之。朱兄弟不乐,曰:'我自用朱氏钱,何预汝事?'公闻此疑骇。有告者曰:'公乃姑苏范氏子也,太夫人携公适朱氏。'公感愤自立,决欲自树立门户,佩琴剑径趋南都。"

  ③ 《宋史》卷四五七《戚同文传》。

  ④ 《范文正公集》附《年谱》。

五年的攻苦食淡，朱说对于儒学的精神有了较为深切的体会，论事论人，经常考虑的，就是合不合乎仁义①。

澶渊盟后，宋真宗为了巩固帝位，宣传在汴京左承天门有天书降落，天书上写的是："赵受命，兴于宋，付于恒。"恒是真宗的名字，暗示宋王朝的建立是上天的旨意，赵恒继统也是天意②。

人们都知道，宋太祖赵匡胤是死得不明不白的③。继位的宋太宗是他的兄弟，赵恒是太宗的儿子。子承父业，照理是没有问题的，但也有些问题④。赵恒以为"神道设教"，可以达到巩固帝位的目的。

"天书"已经闹得乌烟瘴气，接着东封西祀，大兴土木。大中祥符七年（一〇一四年）正月，真宗亲奉天书离京，至亳州（今安徽亳县），又到应天府朝拜圣祖殿⑤。太清宫奉祀的是太上老君混元上德皇帝，是一位被神化了的古代哲学家。圣祖殿奉祀的是赵宋始祖玉皇，被尊称为圣祖天尊大帝。

皇帝到达府城的时候，万人倾巷，府学生也跑上街赶热闹，企望一瞻圣颜。只有朱说留在学舍里，人们问他："你为什么不去见见皇帝呀？"他说："皇帝总是要见的，将来见也不晚。"⑥

---

① 欧阳修撰《范公神道碑铭》云："去之南都，入学舍，扫一室，昼夜讲诵。继起居饮食，人所不堪，而公自刻益苦。居五年，大通六经之旨，为文章论说，必本于仁义。"
② 《宋会要·瑞异》一之三〇，《宋史》卷一〇四《礼志》七。
③ 《续湘山野录》第一〇页。
④ 《宋史》卷二八一《吕端传》云："太宗不豫，真宗为皇太子，端日与太子问起居。及疾大渐，内侍王继恩忌太子英明，阴与参知政事李昌龄、殿前都指挥使李继勋、知制诰胡旦谋立故楚王元佐，……真宗既立，垂帘引见群臣。端平立殿下不拜，请卷帘，升殿审视，然后降阶，率群臣拜呼万岁。"
⑤ 《宋史》卷八《真宗纪》，卷一〇四《礼志》七。
⑥ 《范文正公集》附《年谱》。

这一年，应天府升为南京①。南京是北宋发祥之地，原为归德军所在，黄袍加身之前，赵匡胤即为归德军节度使②。因此，景德三年（一〇〇六年）改称应天府。府治所在睢阳，安史之乱时，张巡、许远便在这里坚守，屏蔽江淮③。

朱说在府学攻读，有一首《睢阳学舍书怀》的诗，说：

> 多难未应歌凤鸟，薄才犹可赋鹪鹩。④

凤鸟的典故出自《论语》。南方的隐者劝孔丘不要那样恓恓惶惶，热心于用世，说："凤兮凤兮，何德之衰！往者不可谏，来者犹可追。"这一位青年却充满了对天下国家的责任心，不歌凤鸟，不要当隐士。鹪鹩语出《庄子》，"巢于深林，不过一枝"。西晋张华还没有成名时，做过一篇《鹪鹩赋》，阮籍读后，深为叹赏，说他是"王佐之才"⑤。作者对于自己的才能也是自负的，诗中还说自己甘于清贫，但渴望知音，"但使斯文天未丧，涧松何必怨山苗"，又用《论语》中孔子在匡（今河南长垣西南）遇到困厄时所说的话来表明自己像松柏那样挺然不拔的胸怀⑥。

大中祥符八年（一〇一五年）的春天，朱说举进士及第，时年二十六。蔡齐是这一榜的状元，滕宗谅是同榜⑦。赵安仁知贡举，是第三次担任这个职务了。他取士公允，为世所称，数次出使契丹，

---

① 《宋史》卷八五《地理志》一应天府条。
② 《宋史》卷一《太祖纪》。
③ 《旧唐书》卷一八七《忠义传》下。
④ 《范文正公集》卷三《睢阳学舍书怀》。
⑤ 《晋书》卷三六《张华传》。
⑥ 《睢阳学舍书怀》诗云："白云无赖帝乡遥，汉苑谁人奏洞箫。多难未应歌凤鸟，薄才犹可赋鹪鹩。瓢思颜子心还乐，琴遇钟君恨即销。但使斯文天未丧，涧松何必怨山苗。"
⑦ 《宋史》卷二八六《蔡齐传》，卷三〇三《滕宗谅传》。

不卑不亢，说话得体，又抓得住要害，还是一位办外交的能手①。蔡齐后来担任过副相，五十二岁就死了，范仲淹为作墓志，说他"以进贤为乐，以天下为忧"②。

---

① 《宋史》卷二八七《赵安仁传》。
② 《范文正公集》卷一二《蔡公墓志铭》。

三、 海角逢春

朱说登第之后,被派到广德军(今安徽广德)当司理参军,管理狱讼。广德北面是江宁府(今江苏南京),东面和常州、湖州接壤,宣州(今安徽宣城)在它的西面,是个山区。狱讼在地方上是一项麻烦的工作,每办一个案子,朱说和上司都有争论。上司往往以势来压他,动不动就大发雷霆。他从不屈服,公事一办完,就把争论过程原原本本记在屏风上,卸任的时候,屏风都写满了①。

当他离开朱家去应天府读书时,他母亲追他回去,追了很远,他不回顾。到了广德,他把母亲接来了。和母亲分别了几年,老人的视力已经模糊,说想他想得经常哭泣,几乎哭瞎了。对于这个自幼丧父的孤儿,母亲特别怜爱,夜夜拜星星,为儿子求福;长斋绣佛,也已二十年了②。

母亲来了,但日子还是过得很艰苦。身无长物,只有一匹马,离开广德时,还卖了它作为行资③。到了晚年,仲淹谆谆教诫子弟要节俭,家书中也曾说过:"老夫平生屡经风波,惟能忍穷,故得免祸。"④ 在《跋乞米帖》中,还说:"颜鲁公唐朝第一等人,而馈粥

---

①③ 《范文正公集》附《褒贤祠记》卷二《文正公祠堂记》云:"为广德军司理参军,日抱具狱与太守争是非。守数以盛怒临公,公未尝少挠,归必记其往复辩论之语于屏上,比去,至字无所容。"

② 《范文正公集》卷一八《求追赠考妣状》。

④ 《五朝名臣言行录》卷七之二云:"纯仁娶妇,将归,或传妇以罗为帷幔者,公闻之不悦。曰:'罗绮岂帷幔之物耶?吾家素清俭,安得乱吾家法!'"又云:"公既贵,常以俭约率家人,且戒诸子曰:'吾贫时,与汝母养吾亲。汝母躬执爨,而吾亲甘旨未尝充也。……'"《范文正公集》附《尺牍》上。

不继，非所谓君子固穷欤！"① 在这一点上，他对孔子的教训，是身体力行的。

离广德后，在亳州担任节度推官。天禧元年（一〇一七年），上表请复姓②。复姓也有一点曲折。仲淹同父的哥哥这时还住苏州，家里也还有一点产业。族人担心他复姓后可能提出这方面的要求，仲淹保证只要复姓，别的什么也不要③。在请求复姓的表中，他引用范蠡、范雎的故事，说："名非霸越，乘舟偶效于陶朱；志在投秦，入境遂称于张禄。"④ 他有四兄，其三已故，只幼兄仲温尚在⑤。

仲淹在亳州好几年，有个短时期在京师，校书于秘书省。亳州知州上官佖，佖子融随父来此，仲淹很赏识他，说他文雅，"有议论，不敢以子弟器之"。后来上官融在京师很有声名，蒋堂、吴遵路、段少连都极器重他，但只活了四十九岁。皇祐三年（一〇五一年），仲淹为他作墓志，颇寄慨于他活得太短，不能为国家建立功业，而且发了一番议论："或者曰：儒生多薄命，天岂不为善也？余谓不然：君子之为善也，必享其吉；有穷且夭者，世皆重而伤之，虽一二人，犹以为多焉。小人之为不善也，必罹其凶；其祸且死者，世皆忽而忘之，虽千百人，若无焉。如仲川（融）之亡，可谓重而伤之者矣。"⑥

亳州通判是杨日严，留心民间疾苦，后任转运使多年，兴利除弊。知益州（今四川成都）时，四川人很信爱他。三十年后，仲淹

---

① 《范文正公集》附《褒贤祠记》卷二《重建文正范公祠记》。《论语·卫灵公》云："在陈绝粮，从者病，莫能兴。子路愠见曰：'君子亦有穷乎？'子曰：'君子固穷，小人穷斯滥矣。'"

② 《范文正公集》附《年谱》。

③ 《范文正公集》附《年谱》云："至姑苏，欲还范姓，而族人有难之者。公坚请，云止欲归本姓，他无所觊。始许焉。"

④ 《宋朝事实类苑》卷四〇文章四六条。

⑤ 《范文正公集》卷一三《范府君墓志铭》。

⑥ 《范文正公集》卷一三《上官君墓志铭》。

回忆他,说他一见面就很看重自己,"甚乎神交",离别之后,还念念不忘,既夸奖他,又向朝廷推荐他①。

天禧四年(一〇二〇年),寇准罢相,知相州(今河南安阳)。真宗生病,年纪也大了,想让太子监国。但这件事和朝臣彼此的倾轧牵涉上了,因此,"太子监国"成了一个大案子。皇帝的亲信周怀政被杀,寇准被牵连,从相州移安州(今湖北安陆),再贬道州(今湖南道县)司马;真宗死,复贬雷州(今广东海康)②。当时,这个地方是非人所居的。仲淹对寇准非常佩服,不仅在作杨亿画像时赞美他:"正前星于北辰,引太阳于少海。"③ 还作过《药石》诗,为他辩诬④。

仲淹于天禧调监泰州(今江苏泰州)西溪盐仓。西溪是个海边小市,吕夷简在这里种过牡丹⑤。仲淹到官,正牡丹盛开。他诗兴大发,吟道:

阳和不择地,海角亦逢春。
忆得上林色,相看如故人。⑥

这个事业心很强的人,远至海隅,眼中春色,也引起他对京城的怀念。在那里,是可以成就一番事业的。

真宗是乾兴元年(一〇二二年)二月死的。这年十一月,张知

---

① 《范文正公集》卷一〇《祭龙图杨给事文》,《宋史》卷三〇一《杨日严传》。

② 《续资治通鉴》卷三四。《宋史》卷三八一《寇准传》云:"乾兴元年,再贬雷州司户参军。"《长编》卷九八乾兴元年同。

③ 《范文正公集》卷五《杨文公写真赞》。这里的"前星"、"少海"都是比喻太子的。

④ 《渑水燕谈录》卷四。

⑤ 《渑水燕谈录》卷七。

⑥ 《范文正公集》卷三《西溪见牡丹》。

白以尚书右丞为枢密副使。历史记载上说他当官没有私心，官做得很大，看上去却仍然像个贫苦读书人①。这位偏居海隅的有志之士，便给他写信，说自己有"益天下之心，垂千古之志"。但一般只知道他诗写得好，文章做得好，有"雕虫之技"，却不知道他"可与言天下之道"。他毛遂自荐，说自己懂得农业，了解狱讼的情况，对"政教的繁简，货殖的利病"，都有一定的知识；假如能在张知白的领导下办事，必定可以做出成绩，有益于当时，见称于后世，使"右丞之道传而不朽"②。

说这一番话的时候，仲淹三十四岁。

泰州即海陵郡③，属县海陵、兴化两县之间，土地肥沃，耕种收获的季节，遍野都是劳动者的歌声。人民生活富裕，有的人家住宅高大，看上去像官府。后来海堤坏了，多年不修，秋天大风暴雨，潮水涌至，原来的沃壤渐渐盐碱化，五谷不生，老百姓逃荒，远走异乡的有三千多户④。这时，张纶为江淮发运使，仲淹向他建议修复海塘（即捍海堰）。有人反对，以为筑堰之后，将有积潦。张纶在这方面是个行家，说："涛之患十之九，潦之患十之一。利多弊少，

---

① 《宋史》卷三一〇《张知白传》云："知白在相位，慎名器，无毫发私。常以盛满为戒，虽显贵，其清约如寒士。"
② 《范文正公集》卷七《上张右丞书》。
③ 《宋史》卷八八《地理志》四。
④ 《范文正公集》卷一一《胡公神道碑铭》云："公讳令仪。……天圣中，余掌泰州西溪之盐局日，秋潮之患，浸淫于海陵兴化二邑间，五谷不能生，百姓馁而逋者三千余户。旧有大防，废而不治，余乃白制置发运使张侯纶。张侯表余知兴化县，以复厥防。会雨雪大至，潮汹汹惊人，而兵夫散走，旋泞而死者百余人。道路飞语，谓死者数千而防不可复。朝廷遣中使按视，将有中罢之议。遽命公为淮南转运使，以究其可否。公急驰而至，观厥民，相厥地，叹曰：'余昔为海宁宰，知兹邑之田特为膏腴，春耕秋获，笑歌满野，民多富实，往往重门击柝，拟于公府。'"

没有什么不可。"① 奏请朝廷以仲淹为兴化令，负责修筑泰州的捍海堰。

海堰开工不久，有一场少见的大雨雪。海上风涛汹涌，迫岸而来。兵工和民夫，都惊骇得不知所措，在泥潦中奔离海边。仲淹在现场督工，和他在一起的还有滕宗谅。宗谅和仲淹同时进士及第，这时为泰州军事推官，主管司法。他们要求大家保持镇静，冷静地和监工们分析情况。很多年之后，仲淹回忆这件事，说：当时"兵民惊逸，吏皆不能止"，只有宗谅"神色不变"，从容和大家说明利害②。

修筑海堰工程，因此有了曲折。不赞成修复的人，利用群众在雨雪惊涛中所受损失，制造舆论，以为"堰不可复"。朝廷派人调查现场，打算停止修复海堰工程；后来又命淮南转运使胡令仪到泰州和仲淹当面研究。令仪全力支持仲淹的修复主张。这时，仲淹却因母丧，丁忧离去。在失母的悲哀中，仲淹仍给张纶写信申说复堰的利害。张纶连续三次向朝廷奏言兴筑之利，请求亲自指挥修筑海堰的工作。海堰终于修成了，全长一百五十里，逃亡民户陆续回了家园③。

仲淹在泰州，和北宋一位著名的政治家富弼相识。富弼这时很年轻，不过二十岁，仲淹比他大十五岁。仲淹非常赏识这个青年，

---

① 《范文正公集》卷一一《张公神道碑》。《宋史》卷四二六《张纶传》谓堰成"复逋户二千六百"，与神道碑合。《东斋纪事》卷三说："堰成，复租户万二千七百。"《范文正公集》卷六《泰州张侯祠堂颂》云："民有复诸业、射诸田者共一千六百户，将归其租者又三千余户。"纪事所云"万二千七百"，当不实。

② 《范文正公集》卷一三《滕君墓志铭》云："与予同护海堰之役，遇大风至，即夕潮上，兵民惊逸，吏皆仓惶不能止。君独神色不变，缓谈其利害，众意乃定。"

③ 《续资治通鉴》卷三七。全长一百五十里，据《范文正公集》卷一一《胡公神道碑铭》及《张公神道碑》，《续通鉴》作一百八十里。

说他是"王佐之才",把他的文章推荐给王曾、晏殊,晏殊后来还把女儿嫁给他①。十年后,仲淹和富弼同在政府,同受到皇帝知遇,又同受贬谪。

与富弼结识约略同时,北宋一位著名的隐士林逋和仲淹也开始有了交游②。

林逋这时已届迟暮,仲淹却正在盛年。这位遗落世事的隐士,却极以天下为己任,为十分执着于用世的人所倾慕。仲淹不仅称赞他:"风俗因君厚,文章到老醇。"③有一次,他还和人相约去看望林逋,为雨所阻,还写了一首诗,说:

> 方怜春满王孙草,可忍云遮处士星。
> 蕙帐未容登末席,兰舟无赖寄前汀。
> 湖山早晚逢晴霁,重待寻仙入翠屏。④

可说是倾倒之至了。

真宗、仁宗两朝,士大夫猎逐俸禄,贪恋官位。有的人过了八十岁,还不肯辞官,"钟鸣漏尽,未晤夜行之非;日暮途远,多作身后之计"⑤。像林逋这样不趋荣利的人,是很少的。

天圣二年(一〇二四年),仲淹由秘书省校书郎迁大理寺丞。三年,上书皇太后,提出厚风化,救文弊;恢复唐武举旧制,安不忘危;重三馆之选,为国储才;鼓励直谏敢言的人,不能让谏官御史尸位素餐;改革居近位的人,"岁进子孙",以致"簪绂盈门,冠盖

---

① 《宋史》卷三一三《富弼传》,《东轩笔录》卷一四。
② 《宋史》卷四五七《林逋传》云:"初放游江淮间,久之归杭州。"仲淹与林逋相识,大概就在泰州。
③ 《范文正公集》卷三《寄赠林逋处士》。
④ 《范文正公集》卷三《与人约访林处士阻雨因寄》。
⑤ 《宋会要·职官》七七之三五。

塞路"的局面①。

对于文章，仲淹和流行意见不同。他主张写实，赞美余杭处士唐异，以为他的作品："孑然弗伦，洗然无尘，意必以淳，语必以真，乐则歌之，忧则怀之，无虚美，不苟怨。"他批评当时文风，说是"因人之尚，忘己之实"，"非穷途而悲，非乱世而怨"，"学步不至，效颦则多"，一意模仿，一点生气也没有②。

---

① 《范文正公集》卷七《奏上时务书》。
② 《范文正公集》卷六《唐异诗序》。

四、"梅福官卑数上书"

林逋有一首《送范希文寺丞》的诗,说:

马卿才大能为赋,梅福官卑数上书。①

希文是范仲淹的字,他官大理寺丞是在天圣二年(一〇二四年)。过了四年,林逋便死了。诗的意思是很明白的,说范仲淹的才能比得上汉朝的司马相如;官虽小,却像梅福那样关心天下大事,几年来,向皇太后上书,向执政上书,从教化谈到时务,莫不有关国计、世道和民生。

天圣四年(一〇二六年),仲淹的母亲死了,丁忧闲住在南京。过去,他在这里读过几年书。他的夫人是李昌龄的侄女,南京又是他的岳家所在。李夫人的第一个男孩叫纯祐,是天圣二年生的,第二个男孩叫纯仁,比纯祐小三岁②。

在南京,交游不多。仲淹有一首送李纮入京的诗,说自己的门巷寂寥,常来常往的只有李纮。李纮是李夫人的兄弟,他当时去汴京担任殿中侍御史,因此被称为殿院。仲淹和纮交谊颇深,称纮为贤人,说与他来往得益甚多③。

---

① 《林和靖诗集》卷三《送范希文寺丞》。
② 《范文正公集》附《年谱》,《能改斋漫录》卷一八《李氏之门女多贵》。
③ 《宋史》卷二八七《李纮传》,《范文正公集》卷三《送李纮殿院赴阙》。

晏殊罢枢密使之后,出守南京,请仲淹去府学教书,仲淹欣然接受了这个任务①。他在府学,管教学生很严,学规定得很细。什么时间读书,什么时间休息,都有具体规定。自己常常住在学校,对学生学习检查督促。有一次,还没有到休息时间,他去查夜,发现有个学生睡了。他问这个学生为什么不遵守制度,学生说:"有点倦,歇一歇。"仲淹问他没歇之前读什么书,学生随口说了个书名,仲淹便就这部书提了几个问题。学生一点答不出,因此,受了处罚②。

他教学生作文,出了题目,自己先写,摸一摸题目的难易,看看论述时要在什么地方下功夫③。

有个姓朱的学生,晏殊为他起了个名,叫从道,字复之。仲淹为此写了一篇文章,以为一个人不努力学习,就像一块没有雕琢的玉石;学了,便如"金之在铸",成器了④。

有一天,府学里来了个秀才,求见仲淹,请求帮助,仲淹赠以十千。过了一年,秀才又来了,又赠以十千。他问秀才:"你为什么这样'仆仆道路'啊?"秀才说:"有老母,无以养。假如每天能得百钱,也就够了。"说得有些凄然。仲淹便在府学为他安排了一个职务,一月三千。这位秀才便跟仲淹学《春秋》,学得非常认真。仲淹离南京,秀才也就回了故乡⑤。十年之后,泰山有个孙复,以《春秋》教授学生,他就是那个秀才。石介就是他著名的门徒。仲淹这时正主持对西夏的战争,特别向朝廷推荐他,说他"退隐泰山,著书不仕,心通圣奥,迹在穷谷"⑥。富弼这时候在汴京为右正言、知

---

① 《宋史》卷三一一《晏殊传》,卷三一四《范仲淹传》。
②③ 《范文正公集》附《言行拾遗事录》卷一。
④ 《范文正公集》卷六《南京府学生朱从道名述》。
⑤ 《宋人轶事汇编》卷九,《东轩笔录》卷一四同。
⑥ 《范文正公集》卷一八《举张问孙复状》。

制诰,也说他有经术,应在朝廷①。孙复说经不拘于汉唐旧说,颇有新意,是泰山学派的祖师。

王曾担任宰相几年,天圣五年(一〇二七年),又提举国史。历史记载上说他"进退士人,莫有知者"。用哪个人,不用哪个人,都做得十分机密,一点气也不漏。范仲淹曾经当面说他:"当宰相的,责任就在用人,提拔那些有才能的。你在这方面,似乎差一点。"王曾说:"当宰相,尽叫人感恩,那么,把怨恨推给谁呢?"②

王曾提举国史的那一年,仲淹还在丁忧,但他"冒哀上书",极论国家大事。

这是一份长达万言非常直率的上书,书中分析当日情况,说:

> 朝廷久无忧矣,天下久太平矣,兵久弗用矣,士曾未教矣,中外方奢侈矣,百姓反困穷矣。
>
> 朝廷无忧则苦言难入,天下久平则倚伏可畏,兵久弗用则武备不坚,士曾未教则贤才不充,中外奢侈则国用无度,百姓困穷则天下无恩。
>
> 苦言难入则国听不聪矣,倚伏可畏则奸雄或伺其时矣,武备不坚则戎狄或乘其隙矣,贤才不充则名器或假于人矣,国用无度则民力已竭矣,天下无恩则邦本不固矣。

他希望宰臣们改变这样的情况,以为变了才可以使天下真正得到太平,长治而久安。

他提出了一个六项十八字的方针:"固邦本,厚民力,重名器,备戎狄,杜奸雄,明国听"。对于每一项,他都作了说明。例如固邦本,就是要选择一县之长,一州一长,州县长官得人,才可能为民

---

① 《宋史》卷四三二《孙复传》。
② 《宋史》卷三一〇《王曾传》。

兴利除害，才可使国家如磐之安。又如明国听，就是要使那些敢说敢做，说真话的人在位，得到保护；使那些说假话，谄谀逢迎的人受到斥责，退而不用。

他非常详尽地描述了州县官的现状，说县令、郡守都是些"循例"而得官的人，衰老者为子孙之计，一心只想要钱；少壮者看不起州县的卑微地位，一心只想往上爬，只想要名。朝廷定下来的惩治贪污的法很严，但被办罪的人不多。他建议降那些老耄的、无能的、贪污的、暴虐的、"轻而无法"的、"堕而无政"的人的官，叫那帮只吃饭不做事的人、只知贪赃枉法的人震动一下。然后，责成臣僚逐级推举州县官吏。举出来的人有政绩，推举者受赏，否则受罚。

州县官的选择，在这篇上书中，占有突出的地位。他认为厚民力，固邦本，没有好的州县官，都办不到。另一项被仲淹十分重视的工作，就是办学校，培养人才。

他建议先在大郡开设学校，委派专人管理，以儒家经典作为教学的内容，"敦之以诗书礼乐，辨之以文行忠信"。他认为办学是件大事，孟轲说"得天下英才而教育之，一乐也"，不是偶然的。

这一篇洋洋洒洒的上书，十几年后，便成为答手诏十事的张本。庆历新政的改革，也不出这篇上书的范围①。

王曾非常看重这篇大文。天圣六年（一〇二八年），晏殊从应天府内调，朝廷阙一馆职，晏殊荐了一个人，王曾对他说："你不是很器重范仲淹吗？为什么不推荐他呢！我已经把你荐的那一位压下来了，你就推荐范仲淹吧。"②

这年十二月，仲淹被任为秘阁校理，到了京城。

---

① 《范文正公集》卷八《上执政书》。
② 《涑水纪闻》卷一〇云："上宰相书，言朝政得失，民间利病，凡万余言，王曾见而伟之。时晏殊亦在京师，荐一人为馆职。曾谓殊曰：'公知范仲淹，舍不荐而荐斯人乎！已为公置不行，宜使荐仲淹也。'殊从之。"

五、 由秘阁校理出为通判

章献太后垂帘听政,已经六年了。

真宗还活着的时候,她已预闻国事。天禧四年(一〇二〇年),真宗病重,朝廷大政实际上由她掌握①。她没有儿子,养李宸妃所生子为己子,这个孩子就是后来的仁宗,直到她死,仁宗都不知道宸妃是自己的母亲,虽然在真宗的嫔御之中,仁宗常常见到她②。

真宗死,遗诏仁宗继位,军国重事权取太后处分。宰臣丁谓想去掉"权"字,王曾不同意,说皇帝年幼,母后权处分军国重事,已是国家的不幸,皇帝临终,言犹在耳,决不能去掉这个字③。

章献太后姓刘,生长在益州华阳县。真宗即位后,为美人,后来立为皇后。生得伶俐聪明,不仅读过书,有文化,还有异于常人的记忆力,朝廷故事,能原原本本说得出来④。

天圣七年(一〇二九年)冬至,仁宗打算率领百官于会庆殿为皇太后上寿,下令起草上寿仪式。朝臣你看看我,我看看你,不说

---

① 《宋史》卷二四二《章献明肃刘皇后传》云:"天禧四年,帝久疾,居宫中,事多决于后。"
② 《宋史》卷二四二《李宸妃传》云:"仁宗在襁褓,章献以为己子,使杨淑妃保视之。仁宗即位,妃嘿处先朝嫔御中,未尝自异。……终太后世,仁宗不自知为妃所出也。"
③ 《续资治通鉴》卷三五,《宋史》卷三一〇《王曾传》同。
④ 《宋史》卷二四二《章献明肃刘皇后传》云:"后性警悟,晓书史,闻朝廷事,能记其本末。"

话，背地里却议论纷纷，但没有一个人敢于当面提出不同的意见①。

会庆殿过去叫大明殿，后改名含光，大中祥符八年（一〇一五年）才称此名②。两年前，太后也曾在这里受过皇帝和百官的朝拜。这一回，范仲淹却站出来说话了。他上书皇太后，以为皇帝"有事亲之道，无为臣之理，有南面之位，无北面之仪"。他建议皇帝领着亲王、皇族在内廷为皇太后祝寿，"行家人之礼"；宰相率领百官在前殿为皇帝、皇太后祝寿。他以为皇帝率领百官在会庆殿为皇太后上寿，同样地行跪拜之礼，那就要"亏君体，损主威"，不足为法③。

皇太后很不高兴，把仲淹的奏疏交给宰执，要他们讨论讨论，看看说得对不对。

晏殊这时为资政殿学士，知道这件事，以为仲淹闯祸了，把仲淹找到家里来，对他说："你太轻率了，一个忧国的人是做不出这种事来的。你即使不为自己想，也不能这样沽名钓誉，拖累推荐你的人啰！"仲淹听了，很不以为然，说："我承你推荐，常常担心不副所望，玷辱你的名声，可真没有想到因忠直而得罪于你啊！"④

离开晏殊家，仲淹给晏殊写了封长信，反复说明自己所上奏疏的正确。说校书秘阁，年俸三十万，等于两千亩的收获。农人一年之中，播种、耘锄、刈割、收藏，辛苦得很。假如尽吃饭，不做事，岂不成了"天之螟"、"民之螣"！螟是吃苗心的害虫，螣是吃叶子

---

① 此处据欧阳修撰《褒贤之碑》及富弼所撰墓志。《长编》卷一〇九及《宋史》卷三一四本传均与此不同。
② 《宋会要·方域》一之五，《宋史》卷八五《地理志》。
③ 《长编》卷一〇九，《续资治通鉴》卷三八亦据此为文。
④ 《范文正公集》附《年谱》引《涑水纪闻》云："公为馆职，晏殊所荐。殊闻之，大惧，召公诘以狂率邀名，且将累朝者也。公正色抗言曰：'某缘属公举，每惧不称，为知己羞。不意今日反以忠直获罪门下。'殊不能答。"《五朝名臣言行录》卷七之一引此，文字略有不同，丛书集成本《涑水纪闻》卷一〇全同《言行录》所引。

的。仲淹把当时士大夫分为二类,一类危言危行,另一类逊言逊行。前者虽然容易得罪于人主,但可以使人主无过,使老百姓无怨,"政教不坠,祸患不起,太平之下,浩然无忧"。后者虽可得安乐,但人主有过得不到纠正,老百姓则怨声载道,以致"祸患日起",天下大乱,求得的安乐也就保不住了。最后,话说得很愤激:"倘以某远而尽心不谓之忠,言而无隐不谓之直,则而今而后未知所守矣!"①

皇太后对仲淹疏奏未加理睬,晏殊也就没有什么可以说的了。

这一年仁宗已经二十岁,但皇太后还是留恋权力,仲淹上书请她还政,书入,也像石沉大海。于是,他请求担任外官。不久,便去河中府(今山西永济西)为通判②。通判是两宋府、州的副长官,州、府之事,须得通判副署才能生效。

河中府是个大地方。黄河自北直下,一泻千里,南奔现在的风陵渡,折向东行。河中府的西面、南面,都是黄河。真宗东封西祀,大兴土木。当时,陕西是盛产木材的地方,年年要向汴京运送木材。木材已成陕西人民的灾难。仁宗即位后,天圣五年(一○二七年)寿宁观毁于火。七年,藏天书的玉清昭应宫又发生火灾③。这座宫殿盖了六年,大小二千六百多间,一夕大雷雨,从夜里烧到天明,都成了灰烬。皇帝因此派人祭告父祖的陵墓,声称以后不再修缮了④。

但在仲淹通判河中时,朝廷又打算建太乙宫、洪福院,材木九万四千多根要从陕西购运。仲淹上书,说昭应、寿宁烧毁不久,又

---

① 《范文正公集》卷八《上资政晏侍郎书》。
② 此据《宋史》卷三一四本传。欧阳修所撰《褒贤之碑》云:"以言忤章献太后旨,通判河中府、陈州"。富弼所作墓志略同。
③ 《宋史》卷六三《五行志》二上。
④ 《宋史》云:"初,大中祥符元年,诏建宫以藏天书。七年,宫始成,凡二千六百一十楹。至是,火发夜中,大雷雨,至晓而尽。"同书卷九《仁宗纪》云:"秋七月癸亥,以玉清昭应宫灾,遣官告诸陵,诏天下不复缮修。"

要"破民产"大兴土木,不合天意,不顺人心。他建议不要再搞这样的建筑,不论是道观,或是佛寺。朝廷向陕西征购材木,要有个限度,只能减少,不能增多。每年要买多少,还须作出规定①。

又疏请裁并郡县,减轻老百姓的差役负担。以为郡县多,差役繁,"夺其农时",使得边郡的谷仓里没有余粮,老百姓也不富实。他举东汉光武帝并合四百余县减少吏员十分之九的史实,以为河中府的河东、河西两县应当合并,改变河西县"堪役之家,无所休息"的局面。后来庆历新政,裁并郡县也是一项重要内容②。

这年的二月,吕夷简任宰相。五月,他上书夷简,讨论即将举行的制科。主张考试题目,先六经后诸史,"该之以方略","济之以时务",使品学兼优的人,"修经济之业,以教化为心,趋圣人之门,成王佐之器"。他以为治国最急迫的工作是培养人才,要勉励士人把学习放在首要地位,把六经作为主课。在他看来,"圣人法度之言存乎《书》,安危之机存乎《易》,得失之鉴存乎《诗》,是非之辨存乎《春秋》,天下之制存乎《礼》,万物之情存乎《乐》"。这就是他所说的要"宗经"的理由。宗经便可以懂得大道,成为大材,建立大功业③。

制科在这年七月举行。三月进士科考试之后,富弼经过河中府去耀州省亲,和仲淹相见,仲淹劝他参加制科考试。富弼后来追忆这件事,说他那时候不敢去应试,受到仲淹鼓励才去的。富弼在制科中获胜,去河南长水县任知县④。仲淹旋亦调陈州,仍旧是作

---

① 《续资治通鉴》卷三八天圣八年三月乙亥条。
② 《范文正公集》附《年谱》,按此据《长编》。
③ 《范文正公集》卷九《上时相议制举书》。
④ 据《范文正公集》附《年谱》引《邵氏闻见录》。中华书局本《邵氏闻见录》以为仲淹时"尹开封府",误。天圣八年赐礼部奏名进士、诸科及第出身八百二十二人,七月策制举人,并见《宋史》、《长编》。知长水县,据《续通鉴》卷三八。

通判。

在陈州，迁太常博士，三子纯礼生，仲淹已经四十三岁了①。陈州去京师不远，西南至颍州，不过二日程，自蔡河入颍，舟行更是便利。

这年，他葬母河南府河南县（今河南洛阳东）锦樊里万安山，上疏请求把自己应当迁转的恩泽移赠父母，说："臣仕未及荣，亲已不逮。既育之恩则重，罔极之报曾无。"② 后来他自己也葬万安山。坟墓所在，还有一所"功德褒贤禅院"，按照朝廷规定度僧"以严崇奉"③。

明道元年（一〇三二年）二月，仁宗生母宸妃死去。宰相吕夷简问太后："有个宫嫔死了，是吗？"太后听了一惊，故作镇静地说："你管得好宽啊！连这样的事也过问。"过了一会儿，把吕夷简单独找去，说："死个宫人，干你什么事？"夷简说："我当宰相，内事外事都要问。"太后听了很生气，质问夷简："难道你要离间我母子！"夷简仍甚镇定，说："太后倘不以刘氏为念，我什么也不说了；若还念刘氏，宫嫔的丧礼应当从厚。"太后似乎清醒过来了，说："死的是李宸妃啊，怎么办好？"于是决定在皇仪殿治丧，用一品礼殡于洪福寺，以皇后服饰入殓，棺木里还灌满了水银。原来想在宫城凿个缺口出丧，吕夷简以为必须从西华门出去，和太后意见不同。夷简把主持办丧事的宦官罗崇勋找来，对他说："皇帝是宸妃生的，丧不成礼，将来必定要受罚。你主持办丧事，到时不要埋怨我今天没有说啊！"最后，还是从西华门出了丧。一场争论结束了④。

仲淹在陈州，对朝廷大事很关心。这件事当然也被注意，夷简

---

① 见《范文正公集》附《年谱》。
② 《范文正公集》卷一八《求追赠考妣状》。
③ 见《范文正公集》附《遗迹》。所引范纯仁状云："纯仁先祖母及父葬在河南府河南县，有功德褒贤禅院。今欲乞两遇节，于本院添剃度行者一名。"
④ 《续资治通鉴》卷三八明道元年二月丁卯条。

给了他很深印象。当他风闻京师有不少人得官是直接出于太后的手令时，便通过驿路上书，对太后讲了唐中宗时一段历史，说那时宫廷中一些女人依势用事，纳贿卖官，直接由宫廷任用，当时被称为"斜封官"，请求太后以此为戒，话说得非常恳切①。

---

① 《续资治通鉴》是岁条。《旧唐书》卷五一《韦庶人传》云："时上官昭容与其母郑氏及尚官柴氏、贺娄氏树用亲党，广纳货赂，别降墨敕，斜封授官。"《通鉴》卷二〇九景龙二年七月条："安乐、长宁公主及皇后妹……上官婕妤……尚官柴氏、贺娄氏……皆依势用事，请谒受赇，虽屠沽臧获，用钱三十万，则别降墨敕除官，斜封付中书，时人谓之斜封官。"

六、 皇太后之死与皇后之废

明道二年（一○三三年）三月，皇太后在春意正浓的时候离开了人间。她临终时，还不愿把权力交给皇帝，遗命尊太妃为皇太妃，和皇帝同议军国大事①。

太妃姓杨，也曾被真宗宠幸过，但对章献太后一意尊奉顺从。仁宗一出世，便由她抚养，和仁宗同吃、同住、同起处②。

太后遗诰宣布后，百官入宫向杨太妃祝贺。御史中丞蔡齐暗示御史台属官不要入宫，亲往见执政，表示不赞成"女后相继称制"，认为皇帝正年轻有为，已知"天下情伪"。

蔡齐的意见为执政所采纳，遗诰被搁置了③。蔡齐是仲淹同榜的状元，被认为是"以进贤为乐，以天下为忧"，"浩然示至公于中外"的第一流人才④。

太后死后，仁宗知道不久前死去的李宸妃是自己的生母，号恸累日，既追尊为皇太后，还决定改葬于永定陵，和真宗一道长眠于地下。有人说宸妃死于非命，也没有按照仪制办丧事。改葬的时候，宸妃的弟弟李用和亲临哭视。换了一副棺木，开棺时，妃玉色如生，冠服全如皇太后，棺木中还灌满了水银。仁宗感叹不已，说："人言

---

① 《宋史》卷二四二《杨淑妃传》云："仁宗在乳褓，章献使妃护视，……章献遗诰尊为皇太后，居宫中，与皇帝同议军国事。"
② 见《宋史》卷二四二《杨淑妃传》。
③ 并见《宋史》卷二四二《杨淑妃传》，卷二八六《蔡齐传》。
④ 《范文正公集》卷一二《蔡公墓志铭》。

不可信啊！"①

四月，仲淹被召回汴京，为右司谏②。元丰改制前，右司谏是寄禄官，只是表示品级和俸禄的。比起太常博士来，右司谏要高几级，是要特旨才能超迁的③。仲淹曾上书请太后还政，不赞成皇帝率领百官在会庆殿为太后祝寿，以为这有失君臣之分。和宋绶一样，在这个问题上失了太后的欢心。太后死，就同时被召回，都加了官。

太后垂帘时的一些大臣，自吕夷简以下，都罢知外州。夷简、张耆是宰相，一个判澶州，一个判许州；其称知某州的，都是副相，或称执政。在仁宗亲政之后，吕夷简是曾被信任的，当罢的人，仁宗都和他商量过。后来郭皇后对仁宗说："吕夷简也不是个好的，也阿附太后，只不过乖巧，随风转舵而已。"当罢斥命令宣布时，夷简听到自己也在内，不禁大吃一惊④。

仲淹到京后，不赞成杨太妃为太后，以为太后是帝母之号，没有听说"因保育而代立"的。至于太后一死，又立一太后，更令人怀疑皇帝是个不可一日无"母后之助"的人物。因此，杨太妃没有册命为皇太后，只是称她居住的地方为"保庆宫"，把她称作"保庆皇太后"。在政治上，保庆皇太后没有起过什么作用⑤。

大臣被贬出外，当日趋附太后的人也有不少被降官。朝议像嗡嗡的苍蝇，攻击太后垂帘时政事的人越来越多。仲淹对仁宗说："太后受先帝遗命，保护您十多年，一些小小过失，当遮盖的要遮盖，要保全太后的大德。"仁宗听了又惭愧，又感动，便下令不许议论太

---

① 《续资治通鉴》卷三九明道二年夏四月条，《宋史》卷二四二《李宸妃传》。
② 《范文正公集》附《年谱》。
③ 《宋史》卷一六九《职官》九。
④ 《长编》卷一一二明道二年四月己未条。
⑤ 欧阳修撰褒贤之碑曰："初，太后有遗命，立杨太妃代为太后。公谏曰：'太后，母号也，自古无代立者。'由是罢去册命。"此据《年谱》。

后垂帘时的诏命①。

江、淮、京东地区蝗旱。这一年正月,朝廷已令发运使把北运的粮食留下来救灾,但流亡的人仍饥困于道路。发运使是管漕运的,江、淮、浙、湖连成一个大水网,年年把这些地方的粮食、茶、盐运往北方。

仲淹对灾区的情况很关心,请求朝廷派人去灾区视察、慰问,但上书后没有一点动静。找到了一个机会,他便问皇帝:"宫中半天没有吃的,会怎样?现在三路广大地区都陷在饥饿当中,要马上采取措施,立刻过问。"皇帝为之动心,便派他去安抚江、淮。

仲淹所到之处,开仓赈济,毁淫祀,并报请朝廷蠲免庐州、舒州的折役茶,江南东路的丁口盐钱。饥民有以乌昧草充饥的,他把这种草带回汴京,请皇帝在六宫、贵戚中传观,"以戒侈心"。又上疏陈救弊八事,不赞成建造长芦寺,说把这笔钱节省下来,"施之于民,可以宽重敛;施之于士,可以增厚禄;施之于兵,可以拓旧疆"。非常沉痛地以亲身见闻,反复申说老百姓被迫参加转运的痛苦。他举了一个例子,说在淮南碰见六名羸弱不堪的运输兵,他们是从潭州(今湖南长沙)来的,来时三十人,挽船到无为军(今安徽无为),路上逃的逃,死的死,只剩下六人。回潭州还有四千里路,不知道有几个能到家?仲淹在疏奏中声言,这样搞馈运,不仅是伤财,害人也到了不可忍受的地步②。

仲淹有一位老友吴遵路,在通州(今江苏南通)任太守。他是因为得罪了太后才到这里来的。当蝗旱还没有成灾的时候,便募富民出海,到苏州、秀州(今浙江嘉兴)这些地方购买粮食。通州隔了一条大江,和苏州、秀州遥遥相望。它的东面,和秀州一样,都

---

① 《长编》卷一一二明道二年五月癸酉条。
② 《长编》卷一一二明道二年七月甲申条。

是大海。通州的粮价，一直保持平日水平。灾荒来了，遵路号召老百姓割草打柴，公家收买这些柴草。百姓得钱，便用以买官米。那年冬天大雪，公家又以原价把柴草卖给老百姓。"官不伤财，民且蒙利"，仲淹对吴遵路这些做法，非常赞赏①。

通州对于流民，也采取了积极措施。造了一批茅草房，对他们加以安置。施盐，施菜，施药，使有病的得到治疗，生活也略微有些改善。流民回家，还发给沿途伙食费用，使他们能够顺利地回到故乡②。

仲淹说吴遵路为郡得古人风，向朝廷推荐他，请把他救灾事迹宣付史馆，使之成为地方长官的楷模③。

遵路死于庆历三年（一○四三年）。仲淹时任副相，在祭文中，仲淹称赞他"行可师法，言皆名理"，哀叹他"忧国忧民，早衰而死"④。遵路死后，仲淹还分俸接济他的家属⑤。

十月，吕夷简由陈州被召回汴京，仍居相位。仁宗还是离不开他的。宋绶参知政事，为仲淹所佩服的蔡齐担任枢密副使⑥。

北宋州县都有弓手，弓手是地方的武装力量，其职责为捕盗⑦。这一年，密州（今山东诸城）"盗贼"很活跃，朝廷命令各县暂时增加弓手二十人。一般的县，弓手也不过此数，密州诸县大概增了

---

①② 《渑水燕谈录》卷四才识条，《厚德录》卷二同。《宋史》卷四二六《吴遵路传》云："章献太后称制，政事得失，下莫敢言。遵路条奏十余事，语皆切直，忤太后意，出知常（当作崇）州。"

③ 《长编》卷一一三明道二年十月辛亥条。

④ 《范文正公集》卷一○《祭吴龙图文》。

⑤ 《宋史》卷四二六《吴遵路传》。

⑥ 《长编》卷一一三明道二年十月戊午条。

⑦ 《宋会要·职官》四八之六。

一倍以上①。弓手是一种差役,服役年限,这时还没有统一规定②。范仲淹在这年十二月,奏请天下郡县弓手服役满了七年,一律归农,得到朝廷的批准③。他安抚江淮,上书中谈到冗兵,也建议让那些有家可归的,"许之归农"。后来陕西用兵,征调农民十数万,黥面为军,只有仲淹所部刺手,对西夏战争平息之后,这一部分仍旧回了乡村④。

宋代差役始终是个大问题,关心这个问题的有志之士,范仲淹是一个卓越的代表。

仁宗皇帝的郭皇后是天圣二年(一○二四年)立的。她的祖父郭崇,后周时屡立战功。宋代周,他常常追念周朝对他的恩赏,有时还要流泪;但仍得到赵匡胤的信任,出守河北重镇常山(今河北正定)⑤。仁宗并不欢喜郭皇后,她得立全由太后做主。她倚仗太后,非常骄纵,宫人难得和仁宗亲近。太后一死,后宫尚氏、杨氏都跟皇帝打得火热,郭后常常和她们忿争。尚氏当着皇帝讥刺她,气得她跳起来打尚氏耳光,皇帝庇护尚氏,手落在皇帝脖子上。一怒之下,仁宗便有意加以废黜。内侍阎文应对皇帝说:"你叫宰相、近臣来,让他们瞧瞧伤痕,看他们怎么说。"⑥

宰相吕夷简对郭后是不满的,对皇帝说:"东汉光武帝也废过皇后的。"御史中丞范讽以为皇后立了九年,没有儿子,应当废。御史中丞是御史台的长官,在北宋政治生活中,御史台是起重要作用的。

---

① 《长编》卷一一三明道二年十一月己巳条。
② 《宋朝兵制初探》。
③ 《范文正公集》附《年谱》,《长编》卷一一三明道二年十二月甲寅条。
④ 《褒贤之碑》云:"初,西人籍为乡兵者十数万,既而黥以为军,惟公所部但刺其手。公去兵罢,独得复,为民。"
⑤ 《宋史》卷二五五《郭崇传》。
⑥ 《长编》卷一一三明道二年十二月乙卯条,《宋史》卷二四一《郭皇后传》。

据说，这时候，范讽和宰相结得很紧。但仁宗还在犹豫①。

废后之议逐渐传到外面来了。范仲淹向仁宗进言，以为后不可废，要及早决断，不可使外廷因此而议论纷纷。

皇帝的决定很快作出来了。下诏说皇后无子，愿意入道，特封为净妃，道号玉京冲妙仙师，别居长宁宫。诏令颁布之前，已令有关部门不要接受台谏的章疏。

范仲淹和孔道辅等十来个人，立于垂拱殿门外，说皇后不当废，请求皇帝接见，听听他们的意见，给一个把话当面说完的机会。

孔道辅这时担任权御史中丞。宋谏议大夫作御史中丞的称"权"，道辅就是以右谏议大夫权御史中丞的。和仲淹、道辅一同站在垂拱殿门外的，还有侍御史蒋堂等四人和殿中侍御史段少连、谏院的左、右正言等。

垂拱殿是皇帝平时视朝的地方，掌管殿门的把门关起来，不为通报。皇帝派吕夷简出来说明废黜皇后的原因，仲淹、道辅与吕夷简争论，逼得夷简无话可说，只好请他们直接去向皇帝"力陈之"。

第二天一早，仲淹、道辅等人准备上朝与宰相"廷争"，才走到早朝休息的地方——待漏院，皇帝即已下令出仲淹知睦州，道辅知泰州。

富弼这时正服毕父丧，回到汴京，便上书皇帝，以为"废嫡后，逐谏臣"，一举两失，不是盛世应当做的事。又说范仲淹"忠直不挠"，当太后在世时反对冬至朝会之日皇帝率领百官为太后上寿，大正君臣之分。太后过世，被提拔担任谏职，"闻过遂谏"，听到皇帝有过失便出来讲话，这是他的责任。履责尽职，决不应当黜弃②。

---

① 《长编》卷一一三明道二年十二月乙卯条。《宋史》卷一六四《职官》四御史台云："掌纠察官邪，肃正纲纪。大事则廷辩，小事则奏弹。……中丞一人，为台长。"

② 均见《长编》卷一一三明道二年十二月乙卯条。

七、"先生之风山高水长"

景祐元年（一〇三四年）正月，范仲淹从汴京东行，经过许多山，许多水，自北而南，山水越来越幽奇，但他的心情是郁抑的。《谪守睦州作》一诗说：

> 重父必重母，正邦先正家。
> 一心回主意，十口向天涯。①

主意难回，皇后终被废黜，他一家十口，终于走向天涯了。有没有一点怨呢？但这个人却"矢志忠信"，在风波中，还叮嘱妻儿不要埋怨，说人生道路上是难免遇到风波的。

睦州属两浙路，现在浙江的桐庐、建德，都是它的辖区。富春江自西南流向东北，水秀山清，是个风景胜地。② 仲淹一到这里，便和晏殊写信，极言山川之美：

> 郡之山川，接于新定。谁谓幽遐？满月奇胜。衢、歙二水，合于城隅，一浊一清，如济如河。百里而东，遂为浙江，渔钓相望，凫鹭交下，有严子陵之钓石，方干之隐茅。又群峰四来，翠盈轩窗。东北曰乌龙，崔嵬如岱；西南曰马目，秀状如嵩。

---

① 《范文正公集》卷三《谪守睦州作》后四句云："铜虎恩犹重，鲈鱼味复佳。圣明何以报，殁齿愿无邪。"
② 《宋史》卷八八《地理》四建德府条。

白云徘徊，终日不去。岩泉一支，潺湲斋中。春之昼，秋之夕，既清且幽。①

但这样的山水名区，来作郡的却往往是"谪官"。当子陵滩畔渔人罢钓的时候，对着渐入青山的夕阳，凝睇青蒲上的浮光，仲淹常常是依依不舍。

严子陵钓矶，距郡治不远。严子陵即严光，东汉光武帝的老同学，是一位出名的大隐士②。仲淹到郡不久，便为他建祠，还作了一篇记，说子陵这个人，当故人"臣妾亿兆"之时，能"以节高之"，"以礼下之"，真是一位可使"贪夫廉，懦夫立"，"有大功于名教"的人。记文最后便是传诵千古的名句："云山苍苍，江水泱泱，先生之风，山高水长。"③

记作成了，仲淹请邵餗书以小篆，在给餗的信中说："今先生篆高四海，或能枉神笔于片石，则严子（陵）之风复千百年未泯，其高尚之为教也亦大矣哉！"④邵餗是个隐士，住在丹阳（今江苏丹阳）的山中。仲淹和王琪都向朝廷推荐过他⑤。仲淹来睦州过丹阳时，因为他在山中未能相见⑥。

仲淹还有《钓台诗》，说：

汉包六合网贤豪，一个冥鸿惜羽毛。
世祖功臣三十六，云台争似钓台高。

世祖是汉光武，云台是光武帝的儿子明帝图画中兴功臣的地方。有

---

① 《范文正公集》附《尺牍》下《与晏尚书》。
② 《后汉书》卷八三《严光传》。
③ 《范文正公集》卷七《桐庐郡严先生祠堂记》。
④⑥ 《范文正公集》附《尺牍》下《与邵餗先生》。
⑤ 《宋史翼》卷二六《邵餗传》。

人说严子陵钓台有许多题诗,范仲淹这一首是"真足以廉顽立懦"的①。

子陵祠中东壁上,仲淹请了一位叫悦躬的和尚为唐代处士方干画了像。过方干旧居,还亲自访问,题了诗:

风雅先生旧隐存,子陵台下白云村。
唐朝三百年冠盖,谁聚诗书到远孙。②

远孙指方楷。方楷才进士及第回到家乡,仲淹赠之以诗,说他"高尚继先君,岩居与俗分",称赞他如"幽兰在深处,终日自清芬"③。

仲淹对子陵,对方干的向慕,也和对林逋一样,是对于现实中猎逐名位、窃夺禄利的一种厌恶的感情的表露。

桐庐的生活是宁静的。同事章岷和他志趣相投,时相唱和。章岷很有抱负,"为布衣,以宰相自许"④。这个地方盛产茶,《萧洒桐庐郡十绝》之一说:

萧洒桐庐郡,春山半是茶,
新雷还好事,惊起雨前芽。⑤

章岷作了一首斗茶歌,仲淹为和,极称这里的茶味之美,说:

---

① 此诗《范文正公集》不载,见《诗林广记》后集卷一〇,蔡正孙云:"子陵钓台,赋者甚众,如文正此诗,真足以廉顽立懦。"
② 《范文正公集》卷三《留题方干处士旧居》,《别集》卷一《过方处士旧隐》云:"乃以从事章岷往搆堂而祠之,召会稽僧悦躬图其像于堂。"
③ 《范文正公集》卷四《赠方秀才》:"高尚继先君,嵒居与俗分。有泉皆漱石,无地不生云。邻里多垂钓,儿孙半属文。幽兰在深处,终日自清芬。"
④ 《后山先生集》卷二二《谈丛》二云:"章学士珉(当作岷)为布衣,以宰相自许。……润人谓之三品秀才。"
⑤ 《范文正公集》卷三《萧洒桐庐郡十绝》之六。

> 斗余味兮轻醍醐，斗余香兮薄兰芷。

又说：

> 商山丈人休茹芝，首阳先生休采薇，
> 长安酒价减千万，成都药市无光辉，
> 不如仙山一啜好，泠然便欲乘风飞。①

商山之芝，首阳之薇，俱与隐士相关，四皓和夷、齐都是大隐士。"长安市上酒家眠，天子呼来不上船"，那么使诗人李白沉湎的酒味，五代以来久享盛名的成都市上的药香，都比不上这里的茶啊！

但在这儿还不到半年，便奉命移知苏州。

苏州是仲淹的乡梓之地。到苏后，他有《谢两府》文，说在桐庐正"优游吏隐，谢绝人伦"，想不到有苏州之命，回到了故乡。苏州是个藩郡，不仅宗族的人以此为荣；搢绅之流，也因之对仲淹要另眼相看了②。但毕竟因为这是"祖祢之邦"，到职之后不久，他请求改调。当移知明州（今浙江宁波）令下之时，转运使蒋堂说他在苏州治水正有头绪，请求朝廷加以留任③。

苏州四郊平坦，大小湖泊约占十之二三。西南面的太湖，烟波浩渺，荆溪、霅溪的水都汇于此。松江在太湖之东，泄湖水入长江。春夏积雨，湖水涨溢，松江便泛滥淹没临江诸县。仲淹到苏之时，正值大水，田不得耕，民不得食。他对苏州水道，亲自作了调查研

---

① 《范文正公集》卷二《和章岷从事斗茶歌》。
② 《范文正公集·别集》卷四《移苏州谢两府》。
③ 《范文正公集》附《尺牍》下《与曹都官（即曹修睦）书》云："移守苏州，以祖祢之邦，别乞一郡，乃得四明。以计司言苏有水灾，俄命仍旧。"

究，提出疏导的方针，使苏州东南面的水流入松江，其西北诸水则入长江。但反对的议论很多，有的以为"江水已高，不纳此流"，有的以为"日有潮来，水安得下"？有的以为"沙固潮至，数年复塞"，有的以为"劳民力"、"费军食"，有的以为"陂泽之田，动成渺弥，导川无益"。对于这些议论，仲淹据事实加以辨释。他上书吕夷简，说："今之世，有所兴作，横议先至，非朝廷主之，则无功而有毁，守上之人恐无建事之意矣。"①

冬寒，仲淹部署挖河工事，常常住宿在海边。使他系心的是"其室十万"的"灾困之氓"②，虽然他常常流露对桐庐生活的眷恋，希望"重入白云寻钓濑，更随明月宿诗家"③。

在苏州一年多，仲淹写了很多诗。咏史的像《伍相庙》，对伍子胥的为人，极为倾倒，说子胥"生能酬楚怨，死可报吴恩"，正直之气像海涛一般汹涌，忠心耿耿像江月一样清明④。

灵岩寺传说是吴王的离宫所在，下临太湖，这位正在盛年的政治家，借咏史以抒怀抱：

古来兴废一愁人，白发僧居掩寺门。
越相烟波空去雁，吴王宫阙半啼猿。
春风似旧花犹笑，往事多遗石不言。
唯有延陵逃遁去，清名高节老乾坤。⑤

---

① 《范文正公集》卷九《上吕相公并呈中丞咨目》。
② 《范文正公集》附《尺牍》下《与晏尚书》云："某伏自恩改苏，首捧钧翰，属董役海上，……郡中灾困之氓，其室十万。"
③ 《范文正公集》卷四《依韵酬章推官见赠》云："姑苏从古号繁华，却恋岩边与水涯。重入白云寻钓濑，更随明月宿诗家。山人惊戴乌纱出，溪女笑隈红杏遮。来早又抛泉石去，茫茫荣利一吁嗟。"
④ 《范文正公集》卷四《伍相庙》云："胥也应无憾，至哉忠孝门。生能酬楚怨，死可报吴恩。直气海涛在，片心江月存。悠悠当日者，千载只颓魂。"
⑤ 《范文正公集》卷四《灵岩寺》。

延陵指的是季札，是个让王位，被司马迁称为"慕义无穷，见微而知清浊"的人①。

仲淹笔下的故乡，有"万顷湖光里，千家橘熟时"的洞庭秋色；有"碧寺烟中静，红桥柳际明"的观风楼。他说自己虽然不是刘禹锡、白居易，一登临间，却也满是诗情②。

苏州大水之后，他给晏殊写信，和殊寄诗，感叹的是："北阙云霓远，南园橘柚荒。"③ 万家灾后，还没有恢复昔日的繁荣。但他仍旧关心苏州的教育事业，在南园买了一块地，创立了郡学。

南园这一块地，本来是打算安家的，阴阳家说是块吉地，要世世代代出公卿。仲淹说："在这里安家，只我一家贵。那就不如在这里盖学舍，培养人才，叫吴人都贵！"学舍落成之日，有人以为房屋盖得太多、太大，仲淹说："我担心将来还嫌小！"④

他先请孙明复来苏州讲学，说："是亦先生之为政，买山之图在其中矣。"孙明复在汴京几年了，他谪睦州时，两人相别于京城东门。这时，明复漫游河朔，没有来⑤。后请来了胡瑗。胡瑗和仲淹是在海陵相识的，已经七八年过去了。他以经术教学生，把学生看得像自己的子弟，学生敬之亦如父兄。

景祐二年（一○三五年）二月，蔡齐参知政事⑥。仲淹也在这

---

① 《史记》卷三一《吴太伯世家》。
② 《范文正公集》卷四《洞庭山》《观风楼》。
③ 《范文正公集》附《尺牍》下，《范文正公集》卷四《依韵奉酬晏尚书见寄》。
④ 《范文正公集》附《年谱》云："先是，公得南园之地，既卜筑而将居焉。阴阳家谓必踵生公卿。公曰：'吾家有其贵，孰若天下之士咸教育于此，贵将无已焉！'遂即地建学。既成，或以为太广。公曰：'吾恐异时患其隘耳！'"《范文正公集》卷四有《南园》诗。
⑤ 《宋史》卷四三二《胡瑗传》。
⑥ 《长编》卷一一六景祐二年戊辰条。

年三月,升为礼部员外郎、天章阁待制。在谢表中,他说自己一点也没有想到会有这样的荣宠,表示要"内守朴忠,外修景行。进退惟道,尊圣贤视履之方。始终一心,副君父育才之造"①。

---

① 《范文正公集》卷一五《苏州谢就除礼部员外郎充天章阁待制表》。

八、 朋党之灾

仲淹迁官不久，调回汴京，判国子监。国子监是当时最高学府，七品以上官员子弟才得入学①。

吕夷简担任相职，京城仍旧熙熙攘攘。

皇后废黜后，原来还住在宫内，后来移居外宅，名为瑶华宫。皇帝还常常派人去看望，有一次寄诗，皇后答和的词，非常哀惋。内侍阎文应，为此颇为担心，怕皇帝回心转意，对自己不利。皇后小病，他领了太医去诊视，移居嘉庆院，没过几天，皇后就死了。②

京城里议论纷纷，以为皇后暴死和阎文应有关。谏官姚仲孙、高若讷弹劾文应，说人们怀疑皇后之死是由于他的谋害③。

宰相吕夷简和阎文应一向很亲密，郭皇后之废，他们都是出了力的④。

仲淹对阎文应一向很不满，以为他常借皇帝旨意，把执政捏在手里，不是好事。皇后暴死，在他看来，文应更是罪责难逃，决心向皇帝揭发他的罪恶，安排了家事，对长子纯祐说："吾不胜，必死之！"⑤

---

① 《两宋史论》一一二页，《宋史》卷一六五《职官》五国子监条。
② 《宋会要·后妃》一之三，《宋史》卷二四二《郭皇后传》云："后帝颇念之，遣使问，赐以乐府，后和答之，辞甚怆惋。"
③④ 《长编》卷一一七景祐二年十二月辛亥条。
⑤ 见《长编》卷一一七景祐二年十二月辛亥条；《范文正公集》附《褒贤集》所载富弼撰墓志铭云："阎文应者，专恣不恪，事多矫旨以付外，执政知而不敢违；公闻知而不食，将入辨，谓若不胜，必不与之俱生，即以家事属长子。"

阎文应贬逐岭南，死在路上①。

吕夷简对仲淹揭发阎文应的罪状，心里总有点别扭，暗地里托人规劝仲淹，说待制是皇帝的侍臣，不是"口舌之任"。仲淹不以为然，说："向皇帝进言，不正是侍臣所当做的吗？责任所在，我不能沉默。"②

文应贬后没有几天，仲淹便接到权知开封府的命令，而且由礼部进为吏部员外郎。京府事繁，任务重，吕夷简以为这样一来，仲淹便无暇他顾；也希望剧烦使他犯错误，快一点把他调离京城③。

任开封府尹不到一个月，这个素称难治的地方却"肃然称治"，仲淹并没有困于公牍。开封人称赞他，说："朝廷无忧有范君，京师无事有希文。"④ 但也有反对他的，纠察刑狱胥偃就认为他判案不遵守法度，断以己意。胥偃年轻时为柳开所赏识，还爱重欧阳修文才，把女儿嫁给欧阳修⑤。

仲淹一有机会就和皇帝说"古今治乱之道"⑥，还搜集太宗为开封府尹时所判案牍上之于朝，这些东西编辑成书时，有七百十卷⑦。

胡瑗是他在苏州时向朝廷推荐重定雅乐的人。这时已到京师，

---

① 此据富弼所作《范公墓志铭》，《长编》卷一一七景祐二年十二月辛亥条即据此。《宋史》卷四六八《阎文应传》与此不同。
② 见《长编》卷一一七景祐二年十二月辛亥条；《范文正公集》附《褒贤集》所载富弼撰墓志铭云："阎文应者，专恣不恪，事多矫旨以付外，执政知而不敢违；公闻知而不食，将入辨，谓若不胜，必不与之俱生，即以家事属长子。"
③ 《长编》卷一一七景祐二年十二月癸亥条。
④ 《范文正公集》附《褒贤集·文正公传》。
⑤ 《长编》卷一一八景祐三年正月己酉条。《宋史》卷二九四《胥偃传》云："少力学。河东柳开见其所为文，曰：'异日必得名天下。'……欧阳修始见偃，偃爱其文，召置门下，妻以女。偃纠察刑狱，范仲淹尹京，偃数纠其立异不循法者。修方善仲淹，因与偃有隙。"
⑥ 《长编》卷一一八景祐三年二月甲子条。
⑦ 《长编》二月丙辰条。

被命较定钟律。仲淹爱好音乐,他不仅向名师崔遵度学过琴,还和唐异交往,有专门论琴的书信①。在他所结识的和尚当中,有一位日观大师也精于琴,极为他所称赞,说:"师深于琴,余常听之,爱其神端气平,安坐如石,指不纤失,微不少差,迟速轻重,一一而当。故其音清而勿哀,和而勿淫,自不知其所以然,精之至也。"②他自己也弹得一手好琴,《履霜》一操尤擅名,被人称为"范履霜"③。胡瑗是他认为"知音"的一人。

婺州东阳人滕元发,九岁便能赋诗,仲淹在睦州见过他,很是器重。这时来到京城,住在仲淹家里。元发放荡不羁,常常在外面喝得醉醺醺的,深夜不回来。仲淹很为此担心,有一夜,坐在元发卧室里,明烛观书,等元发回来。元发夜分才归,一进门,长揖问仲淹读什么书,仲淹说:"《汉书》。"元发猝然便问:"汉高祖这个人如何?"仲淹知道问的人以刘邦自许,什么话也没有说,便离开了。滕元发后来治边有声,成为名帅④。

和仲淹来往的还有尹洙,他力为古文,有见识。

孔道辅这时为龙图阁直学士,曾建议迁都洛阳。仲淹不赞成,以为只须逐渐充实洛阳的储备,把陕西和东路的余粮运往西洛,"数年之间,庶几有备。太平则居东京舟车辐凑之地,以便天下;急难则居西洛山河之宅,以保中原"。皇帝问宰相吕夷简对迁都的意见,夷简说:"仲淹迂阔,务名无实。"⑤

夷简作相,幸进之徒奔走于门下。仲淹对此很不满。有一回,夷简和仲淹议论人物,说自己接触过很多人,但"有节行"的却没

---

① 《范文正公集》卷六《唐异诗序》。
② 《范文正公集》卷七《天竺山日观大师塔记》。
③ 《老学庵笔记》卷九:"范文正公喜弹琴,然平日止弹《履霜》一操,时人谓之范履霜。"
④ 《宋史》卷三三二《滕元发传》,《却扫编》卷中。
⑤ 《长编》卷一一八景祐三年五月丙戌条。

有。仲淹说:"有是有的,只是你不知道。以你这样的思想待士,有节行的人是不会来的。"①

在用人这个问题上,仲淹向皇帝建议,不能全由宰相做主。他以为官员升迁,应当有个规矩,皇帝要掌握,特别是近臣的进退要过问。

后来又上"百官图",指着图向皇帝说明:怎样是循序升迁,怎样是越级而进;怎样是出于私心,怎样才算公平。他提醒皇帝要仔细考虑②。

这些意见都是针对吕夷简的。

仲淹又给皇帝讲历史,说西汉成帝时,日蚀、地震屡次出现,吏民上书,说这些灾异之来都是由于王氏专政。成帝又信又不信,亲自问他所尊敬的张禹。张禹说,灾变原因不易知,人们随便说是由于王氏专政,不可信。因此,成帝依然信用王氏,终于酿成王莽的篡夺。讲历史的目的,是以古喻今。当日朝廷,在仲淹看来,吕夷简就是张禹。他指责夷简,"以大为小,以易为难,以未成为已成,以急务为闲务"③。他向皇帝推荐韩亿,说亿可为执政。亿与仲淹非亲非故,又素无交托④。

这一切传到吕夷简那里,夷简在皇帝面前,一一加以辩驳,指控仲淹"越职言事,荐引朋党,离间君臣"。有一位侍御史迎合宰相

---

① 《五朝名臣言行录》卷七之二引《魏公别录》。
② 见《长编》卷一一八景祐三年五月丙戌条。
③ 见《长编》卷一一八景祐三年五月丙戌条。《汉书》卷八一《张禹传》云:"永始、元延之间,日蚀地震尤数,吏民多上书言灾异之应,讥切王氏专政所致。上惧变异数见,意颇然之,未有以明见,乃车驾至禹第,……亲问禹以天变,……禹则谓上曰:'……灾变之意,深远难见,……新学小生,……宜无信用。……'上雅信爱禹,由此不疑王氏。"
④ 《宋史》卷三一五《韩亿传》云:"知开封府范仲淹献百官图,指宰相吕夷简差除不平,而阴荐亿可用。"《长编》卷一一八景祐三年五月戊子条。

意见，请求皇帝公布仲淹搞朋党的事，诫百官不得越职言事①。

仲淹被撤销馆职，谪知饶州。

谏官、御史不敢开口。秘书丞、集贤校理余靖上书，说仲淹过去言事，牵涉到皇帝母子、夫妇关系，不仅没有办罪，还受到嘉奖，现在却因讥刺大臣受重罚，很不好。他对皇帝说："仲淹说得不对，不听就行了，怎能以为罪呢？你亲政之后，短短时间，三次谪逐提意见的人，这不是国家之福！"余靖被贬到江南西路，监筠州酒税②。筠州在现在江西的高安。

太子中允、馆阁校勘尹洙，说他和仲淹"义兼师友"，关系很深。余靖和仲淹一点关系也没有，只因提了一点意见便得罪，自己不可幸免。尹洙贬郢州监酒税③。郢州在现在湖北的钟祥。

馆阁校勘欧阳修写信给右司谏高若讷，说："仲淹为人刚正，学通今古，朝臣中谁也比不上。你为谏官，不能为他辩白，还随声附和，诋毁他；出入朝中，和士大夫相见，真不知人间有羞耻事。"④高若讷把这封信交给皇帝，欧阳修被贬夷陵令⑤。夷陵是峡州（今湖北宜昌）的一个小县。

馆阁校勘蔡襄，为此作《四贤一不肖诗》，四贤指范仲淹、余靖、尹洙和欧阳修，一不肖即高若讷。诗出，"都人士争相传写，鬻书者市之得厚利"，发行额很高，传播很广。契丹来的使者也买了回去，张贴在幽州接待宋使的宾馆⑥。

光禄寺主簿苏舜钦，父亲死了才一年零几个月，还在服中，也

---

① 见《长编》卷一一八景祐三年五月丙戌条。侍御史，《长编》作韩渎，史无可考；《续资治通鉴》作韩缜，按缜即亿之子，当误。按《范文正公集》卷三有《送韩渎殿院出守岳阳》诗，《长编》所记之韩渎或即此人。

②⑤ 《长编》卷一一八景祐二年五月辛卯条。

③ 《长编》五月乙未条。

④ 《长编》五月戊戌条，《欧阳文忠公外集》卷一七《与高司谏书》。

⑥ 《宋史》卷三二〇《蔡襄传》，又见《渑水燕谈录》卷二。

冒哀上书，请求皇帝纳谏，以为"大臣持禄而不极谏，小臣畏罪而不敢言，使下情不得上通"，是国家的大患①。为仲淹、尹洙、欧阳修的贬谪，还写了诗，说：

  伊人秉直节，许国有深谋。
  大议摇岩石，危言犯采旒。
  苍黄出京府，憔悴谪南州。②

另一位诗人梅尧臣，把仲淹喻为啄木鸟，啄去了大树的蠹虫，却惹怒了园林主人，不幸地被金弹射落在余晖之中：

  啄尽林中蠹，未肯出林飞，
  不识黄金弹，双翎堕落晖。③

---

 ①《苏舜钦集》卷——《乞纳谏书》。
 ②《苏舜钦集》卷六《闻京尹范希文谪鄱阳，尹十二师鲁以党人贬郓中，欧阳九永叔移书责谏官不论救而谪夷陵令，因成此诗以寄，且慰其远迈也》。
 ③ 此据《宋朝事实类苑》（以下简称《类苑》）卷三四。《宛陵先生集》卷五《啄木》诗文字略不同。

九、三出专城

> 三出专城鬓似丝，斋中潇洒胜禅师。
> 近疏歌酒缘多病，不负云山赖有诗。
> 半两黄花秋赏健，一江明月夜归迟。
> 世间荣辱何须道，塞上衰翁也自知。①

仲淹五月离开汴京，"尽室江行"，秋天便在饶州了。一出专城的地方是睦州，后调苏州，现在是四十八岁的人啊。来到饶州，虽然鬓已如丝，但斋中潇洒，似乎又回到了在桐庐的日子。

饶州的西面是鄱阳湖，烟波浩渺中望得见庐山，晴明的日子，山色更使人倾心。但这个人的心，"介然如石"，"可裂不可夺"。在和谢绛的寄诗中，他说："尽室得江行，君恩与全活。回头谏诤路，尚愿无壅遏。"② 他盼望的仍然是皇帝要让谏臣讲话，对于自己，只要"全活"，对皇帝就感恩不浅了。在谢表中，他明确表示："此而为郡，陈优优布政之方；必也入朝，增蹇蹇匪躬之节。"③ 优优布政，意思是为政宽和；蹇蹇匪躬，说的是一旦回到朝廷，还是要直言无隐，不计个人的得失。他深信不疑自己是"许国忘家"，荣辱不

---

① 《范文正公集》卷四《郡斋即事》。
② 《范文正公集》卷二《和谢希深学士见寄》："……谁怜多出处，自省有本末。心焉介如石，可裂不可夺。尽室得江行，君恩与全活。……岂独世所非，千载成迂阔。"
③ 《范文正公集》卷一五《饶州谢上表》。

足道，因此，也就在云山花月中沉醉了。

当仲淹离开汴京的时候，空气可紧张啦！谁都怕牵涉到朋党中去，只有李纮和王质携了酒食为他送行①。王质正病假在家，有位大臣对他说："你有病，正好可以不去送行，何苦要自陷于朋党呢！"王质说："范仲淹是个好人，我真被牵涉，倒感到光荣。"王质的伯父王旦是真宗朝的名相，朝廷大臣不是王家的亲戚，便是王家的故旧，但王质从来不迎合什么人，顺从什么人。王质去世时，仲淹为文以祭，说："曩余谪于江南，靡贵贱而见嗤，公慷慨而不顾，日拳拳以追随。"后志其墓，又说："余走尘土时，公一接以旧。"② 李纮和仲淹是亲戚，又同志相好，仲淹丁母丧住南都，门巷寂寥，来往得最多的便是他。

南城人李觏，字泰伯，听说仲淹到了饶州，便从五百里外前来相见。未来之前，给仲淹信，说闻名已久，知道他"视阙政如己之疾，视恶吏如己之仇"；奖掖后进，像胡瑗懂得乐律，不因为他还是个布衣而推荐于朝。对仲淹上书言事，虽然牵涉到皇帝母子、夫妇的关系，也无所隐讳，和宰相辩论"辞不可屈"，表示由衷的敬仰。在他看来，仲淹是个"将大有为"的人③。

李觏是个思想家，也是学者。他们一见如故，仲淹把在睦州写的严子陵先生祠堂记拿出来给泰伯看。当泰伯读到"云山苍苍，江水泱泱"时，读出了声音，十分称赞，再读下去，似乎有点什么在他嘴边回旋，他皱皱眉，对仲淹说："德字太实，改为风字，好吗？"仲淹可没有想到过这个字，和泰伯相视，由衷地笑了④。

---

① 《长编》卷一一八景祐三年五月丙戌条。
② 《能改斋漫录》卷一二《记事》，《宋史》卷二六九《王质传》，《范文正公集》卷一〇《祭陕府王待制文》，卷一三《王公墓志铭》。
③ 《李觏集》卷二七《上范待制书》。
④ 《范文正公集》附《言行拾遗事录》卷一。

诗人梅尧臣，这时在池州建德县当知县。池州和饶州是邻州，西北临江，仲淹和曹修睦从泉州寄诗，就说："卓有梅圣俞，作邑郡之旁"①。尧臣寄诗仲淹，说：

山水番君国，文章汉侍臣，
古来中酒地，今见独醒人。②

中酒地，是一个谁都要喝得醉醺醺的地方。在这样的地方却能独醒，圣俞对仲淹真可说是倾倒之至了。

尧臣又作《灵乌赋》，以灵乌喻仲淹，说："乌兮，事将乖而献忠，人反谓尔多凶。"于是作者向灵乌进言："结尔舌兮铃尔喙，尔饮啄兮尔自遂，同翱翔兮八九子，勿噪啼兮勿睥睨，往来城头无尔累。"③仲淹却不愿结舌铃喙，因感圣俞之意，也作了一篇《灵乌赋》，说："宁鸣而死，不默而生。"④和圣俞迥然不同。他还引仲尼、孟轲以自喻，对"累累四方"和"皇皇三月"充满了仰慕之心。

圣俞和仲淹在这一时期的交往，是很密切的。仲淹约他游庐山⑤。范夫人逝世，圣俞曾有挽诗，在饶州，仲淹请他吃饭，听人说食河豚鱼，味极美，但烹调不当，剧毒丧躯，赋诗说："甚美恶亦称，此言诚可嘉。"⑥

自此以后，便不见此二人有过诗文的往还。皇祐四年

---

① 《范文正公集》卷二《鄱阳酬泉州曹使君见寄》云："卓有梅圣俞，作邑郡之旁，矫首赋灵乌，拟彼歌沧浪。"
② 《宛陵先生集》卷四《寄饶州范待制》。
③ 《梅尧臣集编年校注》卷六《灵乌赋》。
④ 《范文正公集》卷一《灵乌赋》。
⑤ 《宛陵先生集》卷五《范待制约游庐山》。
⑥ 《宛陵先生集·范饶州夫人挽词二首》、《范饶州坐中客语食河豚鱼》。

（一〇五二年）仲淹死于徐州，圣俞有挽诗，其中说"文章与功业，有志不能成，尝以陪大位，终然屈大名"，似有微词，但"贫贱常甘分，崇高不解谀，虽然门馆隔，泣与众人俱"，却也是真情。这两个人之间的隔阂，看来，还是由出处语默的态度不同造成的，两篇《灵乌赋》就是个有力的见证。

曹修睦是仲淹的老友，"廉介自立"，五十一岁就自请退休，为人所称①。这时在泉州，寄诗安慰这位贬逐到江南的朋友，仲淹和诗，对自己颇有表白，说"寸怀如春风，思与天下芳"，又说自己佩服的人，是死于狱中的王章和贬逐岭外的韩愈，他们都是直节如霜，不随波逐流，不遇事讲世故②。后来游庐山，有《瀑布诗》，说：

　　迥与众流异，发源高更孤。
　　下山犹直在，到海得清无。
　　势斗蛟龙恶，声吹雨雹粗。
　　晚来云一色，诗句自成图。③

也是自己心意的写照。

庐山距鄱阳不远，从郡治上船，横过鄱阳湖西去，靠岸入南康（今江西庐山）境，五老峰便隐约在望。仲淹《游庐山作》云：

　　五老闲游倚舳舻，碧梯岚径好程途。
　　云开瀑影千门挂，雨过松黄十里铺。

---

① 《宋史》卷二九七《曹修古传》云："弟修睦，性廉介自立，与修古同时举进士。……御史中丞杜衍荐以为侍御史。……出知寿州，徙泉州。……分习南京，未几致仕，年五十一。"

② 《范文正公集》卷二《鄱阳酬泉州曹使君见寄》云："卓有梅圣俞，作邑郡之旁，矫首赋灵乌，拟彼歌沧浪。"

③ 《范文正公集》卷四《瀑布》。

> 客爱往来何所得，僧言荣辱此间无。
> 从今愈识逍遥旨，一听升沉造化炉。①

面对名山，荣辱之心似乎更没有了，不也像是临江对月，以为明月多情，和他一路过江了么！②

庐山不仅饶峰峦泉石之胜，也有一些和尚、道士点缀着山林胜境。和这些世外人，仲淹也有来往。有位姓钟的道士，曾举进士，大概是不第吧，便挂了儒冠，来山中做诗人，一坛松月伴着秋吟③。道士中也有画手，一位叫程用之的，便为仲淹画过像，仲淹题诗其上，说："无功可上凌烟阁，留取云山静处看。"④ 凌烟阁是唐太宗图绘功臣的地方，对此，仲淹似乎还有些感慨。有个叫升上人的，住的地方以"碧云轩"为名，仲淹题诗说：

> 爱此诗家好，幽轩绝世纷。
> 澄宵半床月，淡晓数峰云。⑤

真也写绝了。

但仲淹的真实思想，他灵魂深处的东西，还只能从他与老友的唱和中窥探。这时，他的老友谢希深还在汴京，他在《和谢希深学士见寄》诗中，毫无隐讳地直抒怀抱：

---

① 《范文正公集·游庐山作》。
② 《范文正公集·江城对月》云："南国风波远，东门冠盖回。多情是明月，相逐过江来。"
③ 《范文正公集·赠钟道士》云："人间无复动机心，挂了儒冠岁已深。惟有诗家风味在，一坛松月伴秋吟。"
④ 《范文正公集·道士程用之为余传神因题》。
⑤ 《范文正公集·升上人碧云轩》。

> 天地久开泰，过言防结括。
> 谁怜多出处，自省有本末。
> 心焉介如石，可裂不可夺。
> 尽室得江行，君恩与全活。
> 回头谏诤路，尚愿无壅遏。
> 岂独世所非，千载成迂阔。①

千载成迂阔，孟轲就是这样的。孟轲说："乐民之乐者，民亦乐其乐；忧民之忧者，民亦忧其忧。乐以天下，忧以天下，然而不王者，未之有也。"先天下之忧而忧，后天下之乐而乐，就是孟轲这一思想的发展。

谢希深是个见义忘身的人，郭皇后之废，他曾用周幽王黜申后以宠褒姒的事进谏，话说得非常切直②。宝元二年（一○三九年）死于邓州，六年后仲淹知邓州，为文以祭，说在同年当中，希深对他的影响最深，这回到故人做过知州的地方来工作，又深深感到他惠爱在民，十分仰慕，可是希深再也不得见了，"不见故人，悆焉如病"③。

有个叫黄灏的秀才，二十年前和仲淹已相识，也有诗寄饶州，仲淹酬寄一律，说：

> 再贬鄱川信不才，子规相爱劝归来。
> 客心但感江山助，天意难期日月回。
> 白雪孤琴弥冷淡，浮云双阙自崔嵬。

---

① 《范文正公集》卷二《和谢希深学士见寄》。
② 《宋史》卷二九五《谢绛传》："字希深。……会郭皇后废，绛《陈诗》《白华》，引申后、褒姒事以讽，辞甚切至。"
③ 《范文正公集》卷一○《祭谢舍人文》。

南方岁晏犹能乐,醉尽黄花见早梅。①

黄灏这时远在北方,迢迢相问之意大概很是殷勤,仲淹的酬答则自比于孤琴的冷淡,双阙的崔嵬,醉尽黄花之后又见早梅,南方的生活是还有可乐的。

仲淹在饶州,迁建了郡学,学生一天一天地增加②。二十几年之后,饶人彭汝砺便大魁天下,他的弟弟汝霖也进士及第。汝砺读书为文,都"志于大者",言行必合乎义,斥远佞人,切尽忠言③。

在饶州还盖了一座亭馆,名曰庆朔堂。有一位还在童稚的歌伎,颇为他所怜爱。离去之后,他有一首《怀庆朔堂》的诗:

庆朔堂前花自栽,便移官去未曾开。
年年忆着成离恨,只托春风管勾来。

怀庆朔堂,实际上是怀人,离恨与春风似乎是分不开的,谁知道呢!有人说,春风是天庆观的道士,仲淹对这位道士的深情也是有一点感人的④。

---

① 《范文正公集》卷四《依韵酬黄灏秀才》,又《送黄灏员外》云:"三十余年交旧心,相逢那复议升沉。"
② 《范文正公集》附《年谱》。
③ 《宋史》卷三四六《彭汝砺传》。
④ 《能改斋漫录》卷一一,《词林纪事》引《西溪丛语》。《却扫编》卷下云:"范文正公自京尹谪守鄱阳,作堂于后圃,名曰庆朔。有诗曰:'……'予昔官江东,尝至其处,龛诗壁间,郡人犹有能道当时事者。云春风,天庆观道士也。其所居之室曰春风轩,因以自名。"

一〇、两浙之行

景祐四年（一〇三七年）十二月二日，汴京地震，但一下子就停了。接着，河东路报告忻州、代州、并州地震成灾，忻州死了近两万人，代州七百多，并州一千八百多；牲畜仅忻州一地就死了五万，忻州知州负了伤，都监、监押颇有伤亡①。都监、监押是管兵马的武官②。

河东地震不止。朝廷又掀起一场议论，一月之中，韩琦、叶清臣、苏舜钦都纷纷上书，和西汉时一样，以为天变是由于人事不修，朝廷得赶快纠正阙失，使灾祸不至蔓延。苏舜钦时以大理评事监在京店宅务，官位很低，把意见投入匦中，直接说到范仲淹，以为仲淹刚直，得罪了奸臣，不仅意见没被采纳，还身遭贬窜③。直史馆叶清臣，说范仲淹、余靖只因提了不同意见便被谪逐，天下之人不敢讲话已经快两年了，他希望皇帝"深自咎责，详延忠直敢言之士，庶几明威降鉴，而善应来集"④。

皇帝很快地命执政移仲淹知润州（治所今江苏镇江），移余靖监泰州税，移欧阳修为乾德（今湖北均县东南）令。和仲淹作对的大

---

① 《长编》卷一二〇景祐四年十二月甲申条。
② 《宋史》卷一六七《职官》七。
③ 《苏舜钦集》卷一一《诣匦疏》，《宋史》卷四四二《苏舜钦传》。
④ 《宋史》卷二九五《叶清臣传》云："进直史馆。是冬，京师地震，上疏曰：'……顷范仲淹、余靖以言事被黜，天下之人齰舌，不敢议朝政者行将二年。愿陛下深自咎责，详（原作许，误）延忠直敢言之士。……'书奏数日，仲淹等皆得近徙。"

臣，害怕仲淹重新被起用，便造谣中伤。话传到皇帝耳边，皇帝很生气，要逐仲淹至岭南。参知政事程琳婉言为仲淹辩解，皇帝才释怒①。

宝元元年（一〇三八年）正月，仲淹泊舟彭泽（今江西彭泽）。彭泽有狄仁杰祠堂。仁杰曾被来俊臣诬陷入狱，免死后贬为彭泽令。仲淹极慕其为人，作了一篇狄梁公碑文，一开头，便说："天地闭，孰将辟焉？神器坠，孰将举焉？岩岩克当其任者，惟狄梁公之伟欤！"然后叙仁杰对父母孝顺，以为孝是忠之本；说仁杰对朋友，能忧其忧，处君臣之际就更不必说了。最后，概括狄仁杰的功业，说他"抗天子而不屈"，"拒元帅而不下"，"及居相位，而复能废主，以正天下之本"，赞扬他"刚正之气，出乎诚性，见于事业"②。这种对狄仁杰的赞扬，也就是对自己的期许。

润州位于两浙路的西北，北枕大江，常州和江宁府东西环抱。仲淹动身在正月，到这里已是二月下弦了，和他一同来到的还有他妻子的灵柩。李夫人是在饶州去世的，灵柩停在瓜州寺中。仲淹和朱家兄弟写信，说"神榇安瓜州寺中，悲感！悲感"！③

润州是个大州，后来改为镇江府。唐代宰相李德裕曾三次镇守这个地方，前后十多年④。甘露寺内有纪念他的真堂，仲淹以为太小太简陋，改迁至南楼，刻《唐书》中《李德裕传》立其旁，说德裕"才大名高"，"见咎于当世"，"遇武宗，独立不惧，经制四方，有相之功"。李德裕有《述梦诗》四十韵，刘禹锡在历阳曾有和诗。

---

① 《长编》卷一二〇景祐四年十二月壬辰条。
② 《范文正公集》卷一一《唐狄梁公碑》。《旧唐书》卷八九《狄仁杰传》云："为来俊臣诬构下狱。……来俊臣逼胁仁杰，令一问承反。仁杰叹曰：'大周革命，万物唯新，唐朝旧臣，甘从诛戮，反是实。'……则天召仁杰谓曰：'承反，何也？'对曰：'向若不承反，已死于鞭笞矣。'……故得免死，贬彭泽令。"
③ 《范文正公集》附《尺牍》卷上《与朱氏》。
④ 《旧唐书》卷一七四《李德裕传》。

仲淹为《述梦诗》作序，因禹锡而及八司马，对八司马有所论述，说："刘（禹锡）与柳宗元、吕温数人，坐王叔文党，贬废不用。览数君子之述，而理意精密，涉道非浅，如叔文狂甚，义必不交。叔文以艺进东宫，人望素轻，然传称知书，好论理道，为太子所信。顺宗即位，遂见信用，引禹锡等决事禁中。及议罢中人兵权，牾俱文珍辈。又绝韦皋私请，欲斩刘辟，其意非忠乎！皋衔之。……宪宗纳皋之谋而行内禅，故当朝左右谓之党人者，岂复见雪？唐书芜驳，因其成败而书之。……孟子曰：尽信书，不如无书。……至于柳、吕文章，皆非常之士，亦不幸之至也。"① 仲淹据事实，为王叔文辩诬，为八司马立节，和当时人的意见是很不相同的。《云麓漫钞》的作者赵彦卫，说八司马都是天下奇才，只有范仲淹有这种看法，这就大大地为这些被淹没的人出了一口气②。

润州的茅山，是著名的道教胜地，仲淹来守是邦，还没有下车，便临胜地，有诗云：

> 丹阳太守意如何，先谒茅卿始下车。
> 展节事君三黜后，收心奉道五旬初。
> 偶寻灵草逢芝圃，欲叩真关借玉书。
> 不更从人问通塞，天教吏隐接山居。③

芝圃、玉书都是道书上的词儿，玉书指的是道教的经典。不问通塞，可能也只是一时兴来的梦想。仲淹下车不久，便有谢表，再一次申说自己竭诚报国，不能钳口安身的志愿，对国家大事，念念不忘的，

---

① 《范文正公集》卷六《述梦诗》序。
② 《云麓漫钞》卷一〇云："唐八司马皆天下奇才，岂皆见识卑下而附于叔文？盖叔文虽小人，欲诛宦官，强王室，特计出下下，反为所胜被祸耳。……惟范文正公尝略及之，八司马庶乎气稍伸矣。"
③ 《范文正公集》卷四《移丹阳郡先游茅山作》。

还是要皇帝不能大权旁落,以为"天下有道,政不在大夫"。和饶州谢上表一样,表示要尽忠皇帝,"敢不长怀霜洁,至效葵倾,进则持圣政之方,冒雷霆而不变;退则守恬虚之趣,沦草泽以忘忧"①。

润州东晋时叫京口,所谓"酒可饮,兵可用"的去处,当时是重镇,后来便成名胜。地临大江,当然,也是个风景名区。仲淹在这里和一位熟识上人相逢,他送这位上人游金山寺的诗说:"山分江色破,潮带海声来。"② 就把这个地方的风景特色写得十分动人。这时,他的老友滕宗谅、魏介之也为江山人物所驱,来到这里③。

介之在饶州和仲淹见过面,和介之相别时,仲淹赠之以诗,说:"江上高楼欲千尺,便从今日望归舟。"④ 感情是很深的。滕宗谅的母亲,去年安葬于九华山,仲淹为作墓志⑤。宗谅服满知湖州,这时,和介之一样,经过丹阳,双双来访。仲淹记这次相访,有一首五古,说:

> 长江天下险,涉者利名驱,
> 二公访贫交,过之如坦途,
> 风波岂不恶,忠信天所扶,
> 相见乃大笑,命歌倒金壶。
> 同年三百人,太半空名呼,
> 没者草自绿,存者颜无朱,
> 功名若在天,何必心区区,
> 莫竞贵高路,休妨谗嫉夫。

---

① 《范文正公集》卷一五《润州谢上表》。
② 《范文正公集》卷三《送识上人游金山寺》。
③ 《范文正公集》卷二《滕子京魏介之二同年相访丹阳郡》。
④ 《范文正公集》卷四《送魏介之江西提点》。
⑤ 《范文正公集》卷一二《滕公夫人刁氏墓志铭》云:"……时景祐之三载。明年,夫人无疾而终,春秋七十有二。闰四月,举而祔之,礼也。"

> 孔子作旅人，孟轲号迁儒，
> 吾辈不饮酒，笑杀高阳徒。①

开始讲他们的交情，接着说同辈的遭遇，一个"莫竞"，一个"休妨"，把仲淹的胸襟、人格和盘托出。最后以孔孟自期，这也就是在他给人的一信中所说"吾儒之职，去先王之经，则茫乎无所从矣"的意思②。

京口这个历史名城，甘露楼台和金山气象，在仲淹笔下，已迥非昔比。宋初以来的太平岁月，使往日烽烟，在人们的记忆中消逝尽了。"六朝人薄命，不见此升平"③，仲淹此时的心情是复杂的。

这年五月，叶清臣被命为江南转运副使，八月到达润州。这年年初，皇帝诏求直言，清臣随即上书，说皇帝"御臣之术未合治体"，以至"大臣秉政，专制刑爵"④。清臣与仲淹相会正值中秋，仲淹有诗，说：

> 天遣今宵无寸云，故开秋碧挂冰轮。
> 诗人不悔衣沾露，为惜清光岂易亲。
>
> 孤光千里与君逢，寂寞无云四望通。
> 处处楼台竞歌宴，的能爱月几人同。⑤

把议论全融化在情景之中。当然，这也并不是仲淹的创造，可融得一点儿痕迹也没有了啊！

---

① 《范文正公集》卷二《滕子京魏介之二同年相访丹阳郡》。
② 《范文正公集》附《尺牍》下《与谢安定屯田》。
③ 《范文正公集》卷四《京口即事》。
④ 《长编》卷一二一宝元元年正月丁卯、五月壬子条。
⑤ 《范文正公集》卷四《依韵酬叶道卿中秋对月二首》。

这年十一月，王曾死于郓州（今山东东平）。他前后辅政十年，人们不知道他奖掖过什么人，提拔过什么人，斥退过什么人。仲淹曾当着他的面，说："明扬士类，是宰相的责任。在这一点上，你大概不行吧！"当然，仲淹一点也不知道他任馆职就是由于王曾提醒晏殊推荐的。对于仲淹的批评，王曾回答道："当宰相的尽想把恩都归于自己，那么，把怨推给谁呢？"① 仲淹对此，是大为折服的。王曾死后谥文正，仲淹身后谥与曾同。

就在这一月，仲淹接到调知越州的命令。在给文鉴大师的信中，说去越州（治所今浙江绍兴），"不似谪宦味，多幸多幸"②。时间久了，事情旧了，心情也就不同了。

由润州至越州，全是水程。经过杭州时，他访问了退休住在这里的胡则。胡则做了四十七年官，"喜交结，尚风义"。丁谓贬窜崖州，没有人敢接近他，只有胡则还派人远至崖州，送他礼物，慰问他，像平时一样③。这时，胡则已经七十六岁，在筵席上，仲淹赠之以诗，说"朝廷三老重，乡党二疏高"④。疏广父子，并为汉宣帝太子的师傅，皇帝信任他们，人们以为荣，但这两人却托言疾病，回了乡里，天天和族人、故旧来往，以尽天年⑤。在仲淹心目中，胡则和疏广是一流人物。仲淹到越州的第二年，胡则死了。再过一年，仲淹为作墓志，详叙其一生政绩，铭曰："进以功，退以寿。"说他退居西湖的日子里，"乘画船，击清波"，杖履优游，受到人们的尊敬⑥。

---

① 《宋史》卷三一〇《王曾传》。
② 《范文正公集》附《尺牍》下《与文鉴大师》。
③ 《宋史》卷二九九《胡则传》。
④ 《范文正公集》卷四《西湖筵上赠胡侍郎》。
⑤ 《汉书》卷七一《疏广传》。
⑥ 《范文正公集》卷一二《胡公墓志铭》。

越州以会稽（今浙江绍兴）为治所，地滨鉴湖，湖东便是曹娥江。东晋王羲之写过一篇《兰亭集序》，兰亭就在会稽，不仅有"崇山峻岭，茂林修竹"，还有"清流激湍，映带左右"。这里还是唐代诗人贺知章的故乡，在《饮中八仙歌》中，杜甫说"知章骑马似乘船，眼花落井水底眠"，不仅"醉中自得"，而且"醉后忘躯"①。仲淹来这里履任时，访问了书法家邵悚，邵悚告诉他，有位朋友寄了一篇唐人许鼎写的《祖先生墓志》来，志中说到鉴湖，"辞精理远"，"颇言贺监之异"，徐铉又作了一篇别序。到会稽之后，仲淹访问了贺知章旧居天长观，觉得知章的真堂太简陋了，便决定加以改建，刻唐祖先生墓志和徐铉别序于其中，以便来这里瞻仰诗人故居的游客，增加一些有关这位诗人的知识②。

越州有很多古迹，翠峰院相传是范蠡的旧居。仲淹题翠峰院诗云：

翠峰高与白云闲，吾祖曾居水石间。
千载家风应未坠，子孙还解爱青山。③

范蠡是一个功成身退的著名历史人物，仲淹以此为家风；懂得这一点，他自己也多少是有些得意的。

春天来了，这个有崇山峻岭的地方，到处都是子规鸟的叫声："夜入翠烟啼，昼寻芳树飞。春山无限好，犹道不如归。"④ 这也和李泰伯一样，泰伯一到越州，就有登越山的诗，说："腊后梅花破碎

---

① 《杜诗详注》卷二《饮中八仙歌》。
② 《范文正公集》卷六《刻唐祖先生墓志于贺监祠堂序》。
③ 《范文正公集》卷三《题翠峰院》。
④ 《范文正公集》卷三《越上闻子规》。

香,望中情地转凄凉。游山只道寻高处,高处何曾见故乡。"① 还在润州的时候,仲淹就邀请泰伯讲学,写信给泰伯,说胡瑗读了他的著作《明堂图》也很钦佩②。仲淹一到越州,泰伯就不远千里地来了。

宝元二年(一〇三九年)四月,仲淹的好友蔡齐死了。在祭文中仲淹说他们地位虽然不一样,而报国之心却相同③。后来为作墓志,极力称赞他:"以进贤为乐,以天下为忧。见佞色则嫉,闻善言必谢。孜孜论道,以致君尧舜为心。与大臣居,和而不倚,正而不讦,无亲疏之间,有方大之量。"蔡齐为御史中丞,四川大姓王齐雄杀人,因为是太后的亲戚,既不判死罪,罢官后又复官。齐在仁宗面前,以为这是"以恩废法",终于给了齐雄以除名处分。后来担任参知政事,和吕夷简合不来,罢政后出知颍州(治所今安徽阜阳),便死在颍州任上④。

田锡是真宗朝的谏官,已经死去多年了。这一年下葬,他的儿子田庆远请仲淹作墓志。志文说:"公奉事两朝,由(拾)遗补(阙)历御史至谏议大夫,前后章疏凡五十有二,尝谓诸子曰:吾每言国家事,天子听纳,则人臣之幸;不然,祸且至矣,亦吾之分也。及终,有遗表,陈邦国安不忘危之意,其家弗预焉。"⑤ 田锡和仲淹的思想相同,行事也大致相若。仲淹在遗表中,也一点不及家事,一点个人的要求也没有。在墓志的铭文中,仲淹写道:"呜呼田公,天下之正人也!言甚危,命甚奇,尽心而忽疑,终身而无违。呜呼,贤哉!吾不得而见之。"⑥可说是倾倒之至了。

---

① 《李觏集》卷三六《登越山》。
② 《范文正公集》附《尺牍》下《与李泰伯》。
③ 《范文正公集》卷一〇《祭蔡侍郎文》。
④ 《范文正公集》卷一二《蔡公墓志铭》,《宋史》卷二八六《蔡齐传》。
⑤⑥ 《范文正公集》卷一二《田公墓志铭》。

越州户曹孙居中，死在任上。家贫子幼，无力办丧事。仲淹拿出自己的俸钱，雇了一条大船，把居中灵柩和一家老小送回家乡，派一位老衙吏护送，交给他一首诗，说："过关过卡，把这个拿出来就行了。"诗云：

十口相携泛巨川，来时暖热去凄然。
关津若要知名姓，此是孤儿寡妇船。①

诗中充满了对孤儿寡妇的同情。这种高尚的同情心，在浩如烟海的记载中熠熠发光。

滕宗谅知湖州，湖州是他的老友沈叔宽的故乡。叔宽死去已数年，宗谅知道他家贫迄未得葬，便为营葬事，请仲淹为作墓志。叔宽和仲淹、宗谅、蔡齐都是同榜的进士，都很相得。蔡齐为应天府知府，推荐叔宽担任这个府的推官；叔宽的长女出嫁，蔡齐不远千里派人送钱给他。仲淹在志墓文中，说他"与人交笃于义信，善人君子无不乐见之"，他的朋友得到他的死讯时，都以其才、其行没有能为世用而悲伤②。

---

① 《诗林广记》后集卷一。
② 《范文正公集》卷一二《沈君墓志铭》。

一一、"大范老子"和"小范老子"

宋和夏国的关系，宝元以来日趋紧张。

夏国是党项族建立的国家，她的疆域包括今甘肃大部、宁夏全部、陕西北部和青海、内蒙古的部分地区，东据黄河，西抵玉门（今甘肃敦煌西），南临萧关（今宁夏同心南），北极大漠。唐末五代，党项就占领夏州、绥州、银州和宥州，这些地方都在今陕北及其邻近的西北。北宋建立后，夏称臣于宋，其主李继捧入朝。但夏内部意见不一致，继捧族弟继迁向辽国称臣，辽册封他为夏国王。宋太宗决心消灭这一势力，采取了军事行动，但没有成功。真宗时，继迁攻占灵州（今宁夏银川南、青铜峡东）。景德元年（一〇〇四年），宋与契丹成立澶渊之盟；二年，李继迁死，他的儿子德明继位，宋复与德明媾和，封德明为西平王，每年给金、帛、缗钱和茶叶。德明死于天圣九年（一〇三一年），他的儿子元昊继位。二十多年的和平，夏国经济、军事力量，得到较大的发展。元昊于宝元元年（一〇三八年）称大夏皇帝。在这以前，已经建了年号，改都城兴州（今宁夏银川）为兴庆府①。

康定元年（一〇四〇年）正月，夏兵围延州（今陕西延安），众十万。这时，范雍以振武军节度镇守延安。延安城几无守备，驻兵也很少。夏先攻占了延州西北的保安（今陕西志丹），复东进至延

---

① 《西夏史稿》第一章。

州北的金明砦①。

在陕西近边的地方，寨、堡、城、镇都是军事据点。金明寨守将是被称为"铁壁相公"的李世彬，他很轻敌，为夏军所擒。从庆州（今陕西庆阳）驰援延州的大将刘平和从延州出援保安、金明的石元孙，在三川口（今延安西北、志丹东南）西面，陷入夏军的埋伏，全军被击溃。延州被围七日，危在旦夕，一夜大雪，夏兵撤去②。

三川口之败，朝廷为之震动，范雍理所当然地降官他调，但由谁来填补这个职务呢？最先想到那位远在越州，正强自宽解于"神仙境"中的范仲淹的，是当时担任陕西安抚使的韩琦。开始，韩琦反对范雍他调，说雍对边事操尽了心，延州的老百姓很拥护他，又是两朝旧臣，应当留下来安人心。后来朝廷派赵振，韩琦说振不是守边之才，要调走范雍，就应当起用范仲淹③。

仲淹是一个被视为搞朋党的人。搞朋党的罪名是很严重的。历史上，汉朝和唐朝，都因朋党招来亡国之祸。推荐范仲淹，是要一点勇气的。韩琦向皇帝推荐仲淹的时候，就保证："若涉朋比，误陛下事，当族。"还特别声明，他的举荐是为了国家，决不是为了私情④。

这年三月，枢密院的领导班子完全一新。原来担任领导职务的王鬷、陈执中、张观同一天罢去，新任这个机关的主脑为晏殊、宋绶⑤。枢密院是当时最高军事机关，和中书并称二府，中书掌理政

---

① 《儒林公议》卷上云："元昊……遂入寇延安。……众十余万。"《范文正公集》卷一三《范公墓志铭》云："授公振武军节度使，镇延安。时守备未完，屯戍尚寡。"
② 《续资治通鉴》卷四二康定元年正月。
③ 《长编》卷一二六康定元年三月戊寅条，《三朝名臣言行录》卷一。
④ 《三朝名臣言行录》卷一。
⑤ 《长编》卷一二六康定元年三月戊寅条。

务。晏殊到任前后，提过不少改革意见，其中最重要的是要求皇帝允许参知政事和枢密院同议边事以及废除内臣监军的制度。还提出要给边将以指挥权力，以便视敌情而进攻或防守①。宋初以来，皇帝俱"以阵图授诸将"，严格控制行军用兵之权。祖宗之法，这时，已使有识之士感到不适合于实际需要了。

朝廷对夏国进攻的力量是估计不足的；边备废弛，也缺乏自知之明。刘平被俘，不食而死。当他奉命驰援保安、延州的时候，"兼程而趋，士卒不得休息"，实际上也是轻敌的。范雍守延州，深虑守兵不足，守备不修，流传的他的诗篇中，就有：

　　承平废边事，备预久已亡。
　　万卒不知战，两城皆复隍。
　　轻敌谓小丑，视地固大荒。
　　愿因狂狡叛，从此葺兵防。②

他守延州时，城里守兵只有数百，身被甲胄，和士卒同甘苦。三川口败后，他被降官调知安州（今湖北安陆），延州舆论还以为"城当陷而存，民将殒而生"是他的功劳。

这年三月，范仲淹被调北来，恢复天章阁待制，知永兴军。这是个边备久弛而夏国又在组织积极进攻的地方。没有到任，又改命为陕西都转运使③。

到陕西不久，仲淹便提出安边以实关中，说：

　　近边城砦有五七分之备，而关中之备无二三分者。昊贼深

---

① 《长编》三月戊寅条。《宋史》卷三一一《晏殊传》。
② 《儒林公议》卷上云："刘平、石元孙陷没，延州几至不守。范雍日告朝廷益兵，复为诗以言贼事，凡数千（当作十）章。"
③ 《范文正公集》卷一三《范公墓志铭》。

入，乘关中之虚，或东阻潼关，隔两川贡赋，则朝廷不得安枕矣。为今之计，莫若严戒边城，使持久可守；实关内，使无虚可乘。若寇至，使边城清野，不与大战，关中稍实，岂敢深入！既不得大战，又不能深入，二三年间，彼自困弱，此上策也。

又闻边臣多请五路入讨，臣恐未可轻举。太宗朝以宿将精兵而西讨，艰难岁月，终未收复，况今承平久，无宿将精兵，一旦兴深入之谋，臣谓国之安危，未可知也。惟陛下缓而图之。

这一对敌我双方的估计以及"严戒边城，使持久可守"的主张，和很多人不同①。

五月，宰相张士逊上章请求致仕。西方用兵，士逊凡事拿不出主意，谏官议论纷纷，说政府不是养病的地方，他的请求，很快得到皇帝批准。吕夷简自判天雄军（今河北大名）第三次入相。他二次罢相，是由于与王曾不和，王曾骂他"纳赂市恩"。人们说他又一次入相，还是由于皇帝的"眷倚"②。

夷简入相之后，对仁宗说："范仲淹是个能人，将要大用，仅复旧职不行吧。"③ 于是仲淹由天章阁待制进龙图阁直学士。他还和仲淹写信，又奖励又赞许。仲淹在回信中，说自己"效贾生恸哭太息"，而"朝廷方属太平，不喜生事"，因此得罪了皇帝和大臣，被目为"狂士"；但这也不过是像陆龟蒙所说的："草木之性，其本不怪，乘阳而生，小已遏不伸不直，而大丑彰于形质，天下指之为怪木，岂天性之然哉！"在这封信中，他又以郭子仪和李光弼二人的关系来作譬，说："昔郭汾阳与李临淮有隙，不交一言，及讨安禄山之乱，则握手泣别，勉以忠义，终平剧盗，实二公之力。"他赞美夷简

---

① 《长编》卷一二七康定元年五月甲戌条；《范文正公集·别集》四《论西事札子》文字略有不同。
② 《长编》卷一二七康定元年五月壬戌条。
③ 《涑水纪闻》卷八。

有"汾阳之心",而自己却缺乏"临淮之才之力",但必尽心尽意,虽不敢说一定能做好工作①。

就在进龙图阁直学士这一天,仲淹和韩琦同时被任命为陕西经略安抚副使,同管勾都部署司事。担任经略安抚使的是夏竦。经略安抚使总管一路的军政和民政,除陕西外,河东路和广南路也设有这样的总理军民两政的官职②。都部署司是单纯的军事指挥机关。

对西夏用兵,夏竦认为要吸取太宗时五路出师失败的教训,要正确估计敌我两方的力量,计较攻守的利害,不可只是考虑如何去进兵③。在这一点上,仲淹和夏竦是一致的,他主张持久的防御战,不赞成深入的进攻战。

到任以后,仲淹致力于罗致人才。田况、胡瑗不久都被延致在经略安抚司。田况任判官,胡瑗为勾当公事④。

段少连曾参与仲淹、孔道辅谏止皇帝废郭后的斗争,受到处罚,还上书以为谪逐仲淹等人是塞谏诤之路,"断来者之说"。后知广州。有一回,广州蕃市失火,他正在宴客,僚属请他罢宴,他说:"救火,不有主管的人吗?"宴饮不辍。不久,火被扑灭了,老百姓连一根簪子也没有丢失⑤。仲淹说他"临事无大小,无难易,决发如流,明而不苛,和而不随"。这年八月,仲淹推荐他"可仕边要",被命为龙图阁直学士知泾州(治所今甘肃泾川北)⑥。

---

① 《皇朝文鉴》卷一一三《上吕相公书》。
② 《宋史》卷一六七《职官》七。
③ 《长编》卷一二三宝元二年六月丙子,《宋史》卷二八三《夏竦传》云:"竦在泾州,……上奏曰:'……先皇帝鉴追讨之敝,戒疆吏谨烽候,严卒乘,来即驱逐之,去无追捕也。'……臣以为不较主客之利,不计攻守之便,而议追讨者,非良策也。"
④ 《长编》卷一二八康定元年八月乙酉条。
⑤ 《宋史》卷二九七《段少连传》,《长编》卷一二八康定元年八月己酉条。
⑥ 《范文正公集》卷一四《段君墓表》。

仲淹还举欧阳修、张方平充经略安抚司的掌书记。欧阳修的文学才识，是众所周知的。张方平曾被蔡齐视为天下奇才，后举茂才异等，又中贤良方正。夏国进攻，他建议枢密院要和中书通气，"合枢密之职于中书"，晏殊看到了这一点，富弼也看到这一点①。

经略安抚司设在长安（今陕西西安），仲淹到后不久，便去延州视察。金明寨距州城四十里，原寨三十六，兵马数万，战后荡尽。塞门寨在金明北，被围一百日，没有敢去救援的。寨破，军民数千，一时覆没。延州以北，东西四百余里，现在只有金明一寨在重建。延州守军二万六千，缺乏训练。问那些军官："夏兵几路进攻，怎么办？"他们只知道说："出兵。"②

延州知州张存，是个能吏。原为陕西都转运使，调知延州时，拖着不肯动身。后来到任了，又说自己不懂得军事，母亲八十多岁，更须侍养，请求内调。延州是个重镇，关系一方的安宁，仲淹以急递请求去延州，并兼领州事③。在《谢知延州表》中说："臣职贰统戎，志存殄寇，所宜尽瘁，敢昧请行。自荐老成，固惭于汉将；誓平此贼，讵拟于唐贤。"④ 汉将，指的是李广。霍去病击匈奴，时李广年事已高，"数自请行，上以为老，不许，良久乃许之"⑤。誓平此贼，用的是郭子仪的故事⑥。

延州守军一万八千人，仲淹到任之后，即抓紧整训。过去规定

---

① 《范文正公集》卷一八《举欧阳修状》、《举张方平状》。《宋史》卷三一八《张方平传》云："宋绶、蔡齐以为天下奇才。……夏人寇边，方平首乞合枢密之职于中书，以通谋议。"同书卷三一三《富弼传》云："又请令宰相兼领枢密院。"

② 《范文正公集》卷九《上吕相公书》。

③ 《宋史》卷三二〇《张存传》，《续资治通鉴》卷四二康定元年八月庚戌条。

④ 《范文正公集》卷一五《延州谢上表》。

⑤ 《汉书》卷五四《李广传》。

⑥ 《旧唐书》卷一二〇《郭子仪传》。

部署领万人，钤辖五千，都监三千，敌至，官位低的先出战。仲淹以为这不合理，说："不问敌兵多少就出战，官小的先出，大的后出，这是注定要打败仗的。"他把一万八千人分为六将，挑选路分都监和驻泊都监六人，分领六将兵马；又挑选指挥使十二人，分隶六将，主持训练工作。每一指挥（营）选出二十五名勇敢壮健的士兵，练习弓弩和短兵，熟练之后，担任教头。一教头负责教十人。北宋规定一指挥五百人，满额的指挥，大概要分两期训练完毕。这年年底，训练工作大见成效，延州守兵就成为精兵了。以后，陕西、河东诸路驻兵都经过这样的整顿和训练。文彦博追述此事，说这样做了，兵知将，将知兵，指挥官对士兵完全了解，少有败事的①。

仲淹守延州，被夏兵称为"小范老子"，说小范老子"腹中有数万甲兵，不比大范老子可欺"。夏人管知州叫"老子"②。"大范老子"指的是范雍，他守延安，虽然也是置生死于度外的。

军队整顿了，军纪也严肃起来。对减克士兵粮饷的办事人员，仲淹把士兵集合起来，当众处决。他以为士兵生活艰苦，再被减克，就连活下去也难，还谈什么打仗！对那些冒别人"斫到人头"作为战功而请赏的人，在调查属实之后，也办死罪，说这是"夺戎士死战之功，误朝廷重赏之意"③。

西边用兵，陕西各地粮草，都往边上输送。鄜延路山路崎岖，过不了大车，只能用小车、驴、马搬运。天气晴好，一个月可来回。下雨下雪，搬送的人离家四五十日，带的干粮吃完了，还得派人先

---

① 《续资治通鉴》卷四十二康定元年八月庚戌条，《却扫编》卷上。
② 《范文正公集》附《褒贤集》张唐英作《文正公传》。
③ 《范文正公集》附《年谱补遗》云："鄜州曹司马勋、张式、黄贵，减克兵士请受。公言，当此军期之际，兵士多是饥寒逃亡，若更减克，转难存济。遂牒鄜州将马勋等三人对诸军处斩。"又云："虎翼军第九指挥王琼，夺长行于兴斫到人头作自己功，札上名字申奏宣转，充下名正指挥使。后于兴告诉，问讫招伏。公书断云：'夺戎士死战之功，误朝廷重赏之意。其王琼集军员等处斩。'"

回家取了盘缠,才得返回。延州秆草每束一百七十文,关中百姓秋税送边折价只三十文。仲淹以为这甚伤民力,建议以鄜城县(今陕西洛川东南)为军,盖营房、仓库和官府办公房屋,规定同州、华州以及河中府所属地方送边粮草都到这里交纳。这样,比送往延州减少一半路程。后来,鄜延路军马也有一部分屯扎于此,得到贱价粮草的供应。百姓负担、劳苦也就因之减轻了①。

在边地修筑城寨和搬运粮草的士兵,也以仲淹的建议,每月加支酱菜钱②。

张载少有大志,这时不过二十来岁,后作《西铭》,慨然以继绝学、开太平自许,说:"为天地立心,为生民立命,为往圣继绝学,为万世开太平。"见范仲淹,慷慨论兵,甚被器重。仲淹满怀希望地要他认真学习儒家经典,说:"儒者自有名教可乐,何事于兵!"③

西夏发动战争之后,宋朝皇帝挑选一批卫士送往边城。有个叫狄青的,原在散直当兵,被选中了,派在延州当个小军官。他作战勇敢,常身先士卒,多次负伤。仲淹好友尹洙任安抚经略司判官,很赏识狄青的军事才能,向仲淹、韩琦推荐,说是良将之材。仲淹对他很看重,教他读《春秋》,读《汉书》,说:"将不知古今,匹夫之勇,不足尚也。"④

---

① 见《范文正公集》附《年谱补遗》康定元年十二月。
② 见《范文正公集》附《年谱补遗》康定元年十月。
③ 《张载集》附录吕大临《横渠先生行状》,《宋史》卷四二七《张载传》。行状谓年十八,上书谒范文正公,《宋史》谓年二十一。从《宋史》。
④ 《渑水燕谈录》卷二《名臣》。

一二、青涧城和好水川

仲淹到延州的时候正是秋天，对于这个西边重镇的情况，亲自做了一番调查。在给枢密使晏殊的信中，对调查的情况说得很坦率。

战争之后，延安城附近地方破坏得很厉害。金明寨距延安四十里，城壁萧条，原野上也很少看见人影。金明以北一百里的地方，原来有几十所城寨，全部被毁，土地为夏所占，没有人敢再到那里去。这一带地方，"随川取路，夹以峻山"，夏天暴雨，急湍便卷着大石块奔流。秋冬之际，川流曲曲折折，一舍的路程，要过渡几十次。山川险恶，道路崎岖，别处很少可以相比。在这样的地方作战，看来是要特别慎重的。

这里带兵的人，不注意部队的训练，粮食运不进来，也一点不想办法。只知道向上边伸手，要增加部队，要运送粮食。兵马扎在城里，没有营房，露宿在凛冽的寒风之中。没吃没用，不去动脑筋，怎样防御敌人，就更不必说了。

面对这种情况，仲淹在信中说："秋霖弗止，禾穗未收，斯民之心，在忧如割。"① 这种心情，后来还表现在他的《渔家傲》一词中，这就是流传了九百多年的绝唱：

　　塞下秋来风景异，
　　衡阳雁去无留意。
　　四面边声连角起，

---

① 以上均见《范文正公集》卷九《上枢密尚书书》。

千嶂里,
长烟落日孤城闭。

浊酒一杯家万里,
燕然未勒归无计。
羌管悠悠霜满地,
人不寐,
将军白发征夫泪。①

这一年,仲淹已经五十二岁,两鬓大概也已染上霜花了吧。

延州都监周美向仲淹建议修复金明寨,仲淹便把修复任务交给他②。接着又在延安东北二百里的地方筑青涧城,其后便是承平等十几个城寨的修筑。

青涧城(今陕西青涧)旧址是唐代的宽州,这时只剩一些废垒。当种世衡奉命修筑这个废垒时,对这个地方的形势有过描述,说它"右可固延安之势,左可致河东之粟,北可图银、夏之旧"③。

筑青涧城的任务很艰巨,"且战且城",要争天、争地,还要争人。人们以为这个地方很险要,但没有水,不能驻兵。筑城时,凿地一百五十尺才见石,石工不肯打下去,说:"井是打不成的。"种世衡认为石块下面必有水,鼓励石工打下去,说:"把石块打碎,一畚一畚拉上来。上来一畚,赏一百金。"在重赏之下,石头打碎了几

---

① 《全宋词》。
② 《宋史》卷三二三《周美传》云:"夏人既破金明诸砦,美请于经略使范仲淹曰:'夏人新得志,其势必复来。金明当边冲,我之蔽也,今不亟完,将遂失之。'仲淹因属美复城如故。"
③ 《宋史》卷三三五《种世衡传》,《儒林公议》略同。《范文正公集》卷一三《种君墓志铭》记此事甚详,为《宋史》本传所据,《涑水纪闻》九亦出之。以下有关青涧城事均出此诸书。

层,泉水涌出来了。城成,种世衡被命为知城事。城四周土地被垦辟,守城士兵且耕且战。还借给商贾本钱,叫他们从外面运进货物,贩卖取利。

种世衡在青涧城,非常重视和熟羌搞好关系,亲自到熟羌的部落中去,问暖问寒,像对家里人一样和他们交谈,有时候还解下自己的佩带送给那些酋豪。后来他调往环州(今陕西环县),素以倔强著称的牛家族首领奴讹,亲出郊迎,对世衡说:"你名气很大,我听说了才来的。"这个人,过去不肯出见朝廷派来的长官,世衡说第二天要去回访,奴讹听了,将信将疑。当夜大雪,深三尺。世衡部下劝世衡不要出去了。世衡说:"讲好了去,不能失信。"大雪之后,奴讹也以为世衡不会来了。当世衡出现在奴讹面前,奴讹不胜惊叹地对世衡说:"我们世世代代住在山里,汉官没有敢来的,难道你一点也不怀疑我吗?"①

在西边,种世衡从此得到少数族的信服。范仲淹也得到少数族的信服。过了四年多,世衡又主持筑细腰城。城成而病,庆历五年(一○四五年)正月七日病死。仲淹为作墓志铭,记其生平甚详,在《祭知环州种染院文》中说:"西戎入寇兮边臣共沮,君从边事兮独立不惧。营故宽州兮一日百堵,凿山出泉兮兵民鼓舞,叛我者攻兮服我者抚。"又说:"伊余知君兮屡以才举,改环之麾兮御彼外侮。万余族落兮贪豺狡鼠,畏如神明兮爱如慈父。"当然,仲淹对这位边帅的哀悼还不仅仅是个人的思念,祭文中不是这样说吗:"伊余追念兮心之酸苦,焉得边帅之尽如君兮守此西土!"②

延州解围之后,塞门寨在五月为夏兵所占,寨主高延德被俘。接着,安远寨也被占领了。八月攻金明寨不得志。九月,又攻三川寨(今宁夏固原西北),镇戎军西路都巡检使杨保吉战死。镇戎军当

---

① 《范文正公集》卷一三《种君墓志铭》,《涑水纪闻》九。
② 《范文正公集》卷一○《祭知环州种染院文》。

时属泾原路，都巡检使是个中级军官。后师子、定川堡被围，战士死了五千，乾沟、乾河、赵福三堡陷落。泾原路战局紧张①。

十一月，朝廷派晁宗悫至永兴军议边事。经略安抚使夏竦比较清醒地估计了双方的力量，以为边上兵将还没有"习练"，当以防御为主，假如夏人进攻，可找机会打，大军却不能轻易出击。经略安抚司判官田京也认为不能进兵，说："驱不习之师，撄锐锋，深入贼地，争一日之胜，此兵家所忌，师出必败。"②

仁宗是倾向于对夏进兵的。年尽时，亲自下令问夏竦军期。夏竦提出攻守二策，派韩琦和尹洙去汴京，请皇帝决定③。

韩琦主张进攻，以为集中兵力，深入夏国境内，寻找夏军主力进行决战是上策④。

朝廷决定正月上旬进兵西夏，命令开封府、京东、西路、河东路调发五万头驴，向陕西运送军用物资⑤。杜衍当时担任枢密副使，以为准备不足，不宜出兵，侥幸求胜不是万全之策。大臣中主张出兵的，指斥杜衍沮军，应当办罪。欧阳修这时任馆阁校勘，从经济上着眼，以为朝廷应当注意的是通漕运，尽地利，权商贾，"积谷与钱，通其漕运，过一二年，国力渐丰，边兵渐习"，然后进兵，才可保万全⑥。

仲淹一到陕西，就认为只能打持久的防御战，不同意深入歼灭

---

① 《续资治通鉴》卷四二康定元年五月甲子条、乙亥条，八月壬子条，九月丙寅条。《宋史》卷一〇《仁宗纪》云："九月……遂陷乾沟、乾河、赵福三堡。"

②③ 《续资治通鉴》卷四二康定元年十二月乙巳条，此本《长编》卷一二九康定元年十二月乙巳条，文字略有不同。

④ 《宋史》卷三一二《韩琦传》云："仁宗欲用攻策，执政者难之。琦言：'元昊虽倾国入寇，众不过四五万人，吾逐路重兵自为守，势分力弱，遇敌辄不支。若并出一道，鼓行而前，乘贼骄惰，破之必矣。'"

⑤ 《长编》卷一二九康定元年十二月丁未条。

⑥ 《长编》卷一二九康定元年十二月乙巳条，此条李焘自注："欧阳修墓志曰：大臣至有欲以沮军罪衍者。"

西夏主力的主张。在朝廷决定进击之后，他上书皇帝，说所管辖的鄜延路，城垒、兵甲、粮草和"士马攻守之计"都有准备，但正月气候寒冷，不利出兵，等天暖了出兵，较为有利。至于他所管辖这一路，向来是西夏入贡所必经，蕃、汉人民常有来往。他希望朝廷"敦天地包容之量"，保存这一路，只令诸将"勒兵严备，贼至则击"，不要把招纳西夏之门关死①。

尹洙和仲淹交谊很深，但在出兵问题上意见相左。他从京城回陕西之后，便亲自到延安做仲淹的说服工作，约他同时举兵。尹洙在延安逗留了二十天，仲淹坚持只能防守，不能进攻，说进攻只有失败，没有胜利的希望，进兵只能等待时机，等待事情的变化。尹洙对仲淹说："在这点上，你不如韩公。韩公以为，大凡用兵，就得置胜负于度外。你是过分谨慎了啊！"仲淹说："大军一出，关系到千万人的性命，是不能置胜负于度外的。鄜延路不出兵，我也得到皇帝的同意了。"②

夏竦向皇帝报告了范仲淹不肯出兵的意见，以为只泾原一路进兵，就很难获胜，请求皇帝派人到鄜延路监督仲淹采取统一行动。皇帝把夏竦的报告转给仲淹了③。

庆历元年（一〇四一年）二月，夏兵进攻渭州的怀远城（今宁夏固原西），韩琦正巡边至高平寨（今宁夏固原北），便结集军队，又募敢勇一万八千，命任福率领，出击夏军。桑怿为先锋，朱观、武英为后继。韩琦叫他们合兵西进，绕至敌后，说这一带地方有几座城寨，相距四十几里，路近易行，粮草也很充足；不能打，便据

---

① 《长编》卷一三〇庆历元年正月丁巳条。
② 《长编》卷一三一庆历元年二月辛丑条云："始，朝廷既从陕西都部署司所上攻策。经略安抚判官尹洙以正月丙子至延州，与范仲淹谋出兵。越三日，仲淹徐言已得旨听兵勿出，洙留延州几两旬，仲淹坚持不可。"《东轩笔录》卷七，《五朝名臣言行录》卷七之二引《东轩笔录》同。
③ 《长编》卷三一庆历元年二月辛巳条。

险设伏，等夏兵回师拦腰打它，还特别嘱咐他们不要违背节制，说违背了，即使有功也要受罚。任福在张家堡南打了个小小胜仗，便有点轻敌之心，为敌军抛弃的马牛橐驼所迷惑，和桑怿紧紧追击敌军。薄暮，任福、桑怿屯兵好水川（今宁夏隆德西），朱观、武英屯龙落川，隔山相距不过五里，约明日会兵，使夏人片甲不得归。他们不知道，这时已堕入夏兵重围之中。三天过去了，他们还在寻找夏军的主力，粮草供给已不足，人马也乏了。包围圈却越来越缩小。在笼竿城（今隆德北）北，夏军主力出现了，桑怿战死，任福身被十余矢，誓不为屈，力战而死。朱观、武英和渭州都监赵津会兵于姚家川，武英、赵津战败阵亡，朱观余众一千多人守民垣，因日暮夏人退兵，才得还师①。

这一战役前后不过三日，十二日任福追夏军主力，十四日阵亡。这时，上自朝廷，下至边将，对敌我双方力量估计都不正确。主张出击最力的是韩琦，当他的意见被执政所难，曾上书说："以二十万重兵，惴然坐守界壕，不敢与虏确，臣实痛之。"② 韩琦和尹洙一样，都是仲淹的知己，仲淹却不以此改变熟虑深思后的只能打防御战的意见。

好水川败后，朝廷打算撤销陕西诸路行营，表示要与夏国讲和，使夏国自大、怠惰，却密为进击之计。诏问仲淹士气的勇怯，说不畏懦便可进兵，乘机建立功劳。仲淹说，任福和他的部下都很勇敢，打败仗的原因是料敌不当。孙武说"王不可以怒而兴兵，将不可以愠而致战"，当今急务，以延州这一路来说，就是加紧修筑南安这些地方的堡寨，对熟户和弓箭手多做一些工作，使他们安下家，立下业。夏兵来得多就守，来得少就打，有机会进击就进击。其他各路，

---

① 《宋史》卷三一二《韩琦传》、卷三二五《任福传》，《涑水纪闻》卷一二。

② 《三朝名臣言行录》卷一引《行状》。

也要持重,选择可筑城寨的要害之地,进而据之,作久守之计。使邻近的蕃族,知道我们是可以倚靠的,夏人不能加害。这样,就可以使这些蕃族人民归附于我,这也就是"夺其地而取其民"。他请求朝廷不要作进兵的打算,以为"守犹虑患,岂可深入!"他说,自己也知道这些意见与众不一,可能因此而得罪。但这是有关国家安危成败的大事,"岂敢避罪于其间"?[①]

[①] 《长编》卷一三一庆历元年三月丙辰条。

一三、降官、让官

好水川战役之前,庆历元年(一〇四一年)正月,元昊派人到泾原路试探和平;又派高延德至保安军(今陕西志丹),求见范仲淹。高延德原是塞门寨的寨主,塞门陷没被俘,归顺夏国。仲淹接待了高延德,延德转达夏国求和之意。仲淹给夏元昊写了一封长信,派韩周带了这封信和高延德去夏国①。

在给元昊信中,仲淹追叙了真宗以来的宋夏关系,说两国和好超过了三十年,"禾黍云合,甲胄尘委",人民只知道禾黍畅茂,不识甲兵。宋朝本以"仁"为立国之本,得天下靠它,守天下也靠它。就在夏国发动战争之后,皇帝派他主持边事,也还是叮咛再四,说莫杀非辜,要尽力做到"有征无战"。最后,仲淹向元昊讲了八条"逆顺"之理,其中,谈到宋朝有的人投奔了夏国,说:"宋朝地方大,人才多,有人跑到夏国去,一点不奇怪。朝廷对待这种人,绝不处罚。他们的家族,依然安居乐业。这些去了夏国的人,应当对夏主尽忠,报答知遇;倘能'同心向顺',不用说是不失富贵的,他们的家族当然也更会受到优待。"②

仲淹对元昊求和的心是怀疑的,在他看来,这时也还看不到一点"归顺"的痕迹。但他对西边主张守,反对攻,不断绝和议的路。

有的记载说,当时夏国虽然打了几次胜仗,但死亡也不少,年轻力壮的人已苦于兵役,财力也渐渐难以支持这场一时还结束不了

---

① 《长编》卷一三〇庆历元年正月条。
② 《范文正公集》卷九《答赵元昊书》。

的战争。和战前相比，夏国人民已经感到"十不如"了①。

元昊得书，不肯取消皇帝称号，好水川胜利，更使他态度强硬，但他仍然派了个使臣，带了一封由他的亲信野利旺荣署名的信，和韩周同来延安。信中措词非常傲慢，仲淹看了不敢转致朝廷，当着西夏使臣的面把它烧了；只录了一个副本，还把其中一部分加以删改，送到了京城②。

朝廷以为仲淹不当派使臣往西夏，和元昊写信，更不应焚毁元昊的回信。吕夷简说："人臣无外交，希文这件事做得太糟了。"他责备韩周，说周没有朝廷的命令，不当去夏国。韩周说："经略使的命令，是军令，不敢不从。"韩周被削官监道州（今湖南道县）税。参知政事宋庠，以为当处仲淹以斩刑。枢密副使杜衍反对宋庠的意见，说范仲淹忠心耿耿，原来只想招纳西夏，不可办罪。吕夷简帮着枢密副使讲话，知谏院孙沔又上书为仲淹辩解。

皇帝下令撤掉范仲淹的经略安抚副使，降户部郎中为员外郎，调知耀州③。韩琦也因好水川之败，撤去副使，由枢密直学士降为右司谏，知秦州（治所今甘肃天水）。

新任延州知州的是庞籍。籍和仲淹的交谊是很深的，他任开封府判官时，仲淹寄诗，便有"直节羡君如指佞，孤根怜我异凌霄"之句④。后来夏国与宋和议，依然是通过延州这一路，由籍负责联系的。

仲淹在延州的时间不长，但仍然和在别的地方一样，兴办学校，

---

① 《长编》卷一三〇庆历元年正月条李焘自注引《西夏传》云："元昊虽数胜，然死亡疮痍者亦殆半，人困于点集，财力不给，国中为十不如之谣以怨之。"
② 《长编》卷一三一庆历元年四月癸未条。
③ 《长编》及卷一三二庆历元年五月辛未条。
④ 《范文正公集》卷四《依韵酬府判庞醇之见寄》云："二十年前已论交，而今鹏鷃各逍遥。但能贾傅亲前席，何必萧生意本朝。直节羡君如指佞，孤根怜我异凌霄。莫将富贵移平昔，彼此清心发半凋。"

修筑园林。《依韵和延安庞龙图柳湖》诗云：

> 种柳穿湖后，延安盛可游。
> 远怀忘泽国，真赏即瀛洲。
> 江景来秦塞，风情属庾楼。
> 刘琨增坐啸，王粲斗销忧。
> 秀发千丝堕，光摇匹练柔。
> 双双翔乳燕，两两睡驯鸥。
> 折翠赠归客，濯清招隐流。①

这首诗是在庆州（今甘肃庆阳）做的。戎马倥偬之中，他对延安景物，写得这么细致；通过王粲、刘琨、庾亮，直抒胸臆。一派江南风景，令人一点儿也想不到这是塞上风光。这一位政治家的感兴，九百多年之后，依然使人神往。

仲淹降官后知耀州（今陕西耀州）。耀州在延州之南，东面是华州，西是邠州，南面就是京兆府，汉唐故都所在的地方。降官后曾有上皇帝一表，说自己屡次由于"狂率"，削职降官，全是自己的错误。因为边境不安宁，朝廷"使愚使过"，才又得到报国的机会，决心"不恤典宪"，忘身忘家，做有利于国家的事②。

到任之后，在谢表中，对遣使西夏，给元昊信，以及拆阅夏国来书、不以全文上报等等，作了详细说明。例如，不把西夏请和事上报，说是担心报了，朝廷不作答覆，绝了和路；答覆了，又可能使夏人更起轻视宋人的心。说得入情入理。谢表中还重新提起过去要求留鄜延一路不出兵，以便有机会对西夏加以"招纳"的旧话，

---

① 《范文正公集》卷四。
② 《范文正公集》卷一五《谢降官知耀州表》。

说自己本来不懂得军事,担负着难以胜任的工作,只不过是因"国家之急,不敢不行"①。

到耀州不久,仲淹就病了。还是在饶州的时候,因为学气功,就得了头目晕眩的病,有一次竟在接待宾客时晕倒,不省人事。在延安也发过,因为"戎事方急,虽死难言"。从延安到耀州,正是夏天,气候炎热,山路崎岖,有一些劳累,旧病复发。仲淹把州事交给通判,去京兆府治病。他内心不安,以为不可抱病贪荣,便请求朝廷撤去他所带的龙图阁直学士之职,去小郡当郡守,"逊避清班,少缓有司之责"②。

朝廷对西夏是战是和,是攻是守,一时还定不下来。有主战的,但分路并进,兵力分散,指挥能力薄弱,物资供给问题也不少。事实是有说服力的,好水川之败,教训很深,余痛犹存。主张加强守御的政策提出来了,但"来则御之,去则勿逐",就必须久戍,拖延时日,一切供给要从别的地方运去,"久戍则军情以殆,远馈则民力将竭"。这时,梁适被派往陕西,研究边事③。

仲淹在耀州还不到两月,便徙知庆州(治所今甘肃庆阳),兼管勾环庆路部署司事,他和梁适议论边事,提出攻守二策,以为延州和庆州之间,被西夏侵占的土地有一百多里,金汤、白豹、后桥三个寨,地势最为重要,应当从鄜延、环庆、泾原三路调步兵三万、骑兵五千,加以占领。出兵之前,要宣布不准杀投降的人、害老幼妇女;顽抗的要合力歼灭,降服的要厚利安置;逃遁的不追击,留下来的不迁移。城寨攻下之后,要增筑加固,留士兵把守,兵力要加倍。慎重挑选守寨军官,告诉他们,敌人进攻,兵来得多就坚壁

---

① 《范文正公集》卷一五《耀州谢上表》。
② 《范文正公集》卷一五《乞小郡表》。
③ 《宋史》卷二八五《梁适传》。

清野，力量不大就在险处设伏，待机加以消灭。平居无事，督促这些土兵"营田"。占领一处地方，就在那里筑城修寨，营田积谷，徐图进取。这就是仲淹所说的攻策。

仲淹又从当时实际情况出发，提出守策。他总结赵充国、曹操和唐代屯田的经验，建议边境上的城寨都可以使弓手和土兵把守。弓手和土兵一样，都是地方兵。在城寨附近，耕种官田，"据亩定课"。多余的粮食由公家收购，耕者乐其收成，公家也得到好处。仲淹还建议让那些营田戍兵移家塞下，共同耕作，使他们和父母妻子一道，坚定守边之心和斗志。这样，不仅可以免除地方转输粮草的困扰，还可以使出戍的东兵逐渐调离这个地方，使士兵无恋土之苦。

这攻守二策，仲淹自己概括为："用攻则宜取其近而兵势不危，用守则必图其久而民力不匮。"[①] 他研究了历史，分析了现状，又总结了筑青涧城的经验。朝廷后来在陕西四路设营田使，其目的就不过是"经置营田，以助边费"而已。

梁适回汴京，仲淹托他带给吕夷简一封信。夷简这时作宰相，仲淹恢复了户部郎中的官，不久又迁左司郎中。在这封信中，仲淹提出宋太祖以来用文之弊，"文法钱谷之吏驰骋于郡国，以克民进身为事业，不复有四方之志"，等到和西夏发生了战争，就感到人才大大缺乏。从刘平陷没，仲淹一直数到夏竦、陈执中被罢去陕西都部署和经略安抚使的职务。他向夷简建议，鄜延、环庆两路的统帅，一路用文臣，一路用武臣，泾原、秦凤两路也应当这样。他表示愿意把环庆路一路让给武臣[②]。

在这之前，朝廷已分陕西为四路，韩琦管勾秦凤路部署司事兼知秦州，王沿管勾泾原兼知渭州。王沿是从河东路调来的，他原知并州（今山西太原）。仲淹和庞籍分别知庆州和延州，指挥环庆和鄜

---

① 《范文正公集》卷五《上攻守二策状》。
② 《范文正公集》卷九《上吕相公书》（十一月四日）。

延路的军事。

庆历二年（一〇四二年），这四路帅臣，被命为观察使。观察使是武官，比它高一级的是节度观察留后，最高的是节度使。在文臣中，观察使相当于秘书监，但俸禄高得多。秘书监四十五千，观察使却有二百千①。仲淹被命的是邠州。他再三辞让，以为有六不可，说："落内朝之职，则失朝廷之重势。既为外帅，则减议论之风采。"这是两大不可。他还说，守边士卒的生活，一年也吃不到一次肉，苦得很。生了病的，不能打仗，走不动路，便被丢弃，死了挖个洞，掩埋了事。犯罪逃亡，抓到了就杀，有时不忍，但又不敢慢法。这种情况存在下去，想要他们为国家出死力，是不可能的。我和他们之间，已经筑了一道墙，不知有多厚；已经有一条沟，不知有多深。假如我接受了朝廷"千金之赐"，"千钟之禄"，那就更要引起他们嫉恨，终有一天要找机会和我为难。至于那些军官，在战场上出死力的，看到我受到朝廷的荣宠，又会怎样想啊！②

让表中还说到和羌族的关系，说羌族和他和睦相处，管他叫"龙图老子"，一旦接受了观察使之名，在羌族心目中，就和他们常常见到的小头目一样，他们的小头目往往叫什么观察使、团练使的，反而给他们瞧不起，这就很不好了③。

王沿和仲淹一样，让了五次；庞籍也力辞延州观察使。只有韩琦接受了这一任命，而且说："吾君忧边，臣子怎么能择官呢？"当时人都以为授这四位帅臣以观察使之名是朝廷的厚意，"正其名使之

---

① 《宋史》卷一六八《职官》八，卷一七一《职官》一一。
②③ 《范文正公集》卷一六《让观察使第一表》。

总戎,厚其禄使之抚下"①。

仲淹除了三上让表,还给宰相吕夷简写信,说自己任当方面,朝廷给予的荣宠实在太大,但福者祸之所伏,"故循墙而走,思以避之"。真正出死力的人,没有受到什么赏赐,他受重赏,心实不安。接受了观察使的名义,便当有和它相符的实际行动。他考虑再三,认为不能不自量力,"苟宠禄之福,忘丧败之祸"②。

在他再三坚持辞让之下,朝廷同意他仍以龙图阁直学士之职担任边事③。据说,吕夷简对于这一辞让很不以为然,也不高兴。

---

① 《长编》卷一三七闰九月壬午条云:"即如昨者除四帅观察。故事:尚书丞、郎之带职者得换廉察。钱若水罢枢密副使,徐乃授之。马知节罢枢密副使,止除防御使。……今四人者,职皆直学士,官即员外郎,而乃正其名使之总戎,厚其禄使之抚下,本朝之意,夫岂为薄!诰命已颁,章奏沓至,妄生意见,过为猜嫌,或就强拜,乃怀大慊。甚焉者至欲系狱请罪,当之者犹以班叙为辞。"
② 《范文正公集》卷九《上吕相公书》。
③ 《长编》卷一三六庆历二年五月癸亥条。

一四、 大顺城

庆历二年（一〇四二年）正月，仲淹巡边，经过马岭镇。马岭有座孔子庙，是张蕴建的。张蕴是个武夫，曾经担任过泾原将，和西夏打过仗。咸平二年（九九九年），辽兵长驱南下，直至淄川（今山东淄博）。他当时任监押，主持这个地方的军事。刺史和城中的官属以及大户都想弃城而逃，往南山中躲避。他呼民登城，坚守不屈，保卫了这个地方的生命财产。仲淹小时候是在淄川度过的，和张蕴的儿子张揆岁数相若，极为熟识。张蕴守淄川的事，给他印象极深。三十多年过去了，在这个辽远的边塞，见到这座庙宇，张蕴的英雄业绩又在他面前闪耀；于是，他在《书环州马岭镇夫子庙碑阴》中写道："及观马岭之迹，虽极塞穷垒，犹复立圣人之祠，以尚风教。乃知张公信道有素，固能训子义方，昌厥世而大其门，盖未可量也。"①

姚嗣宗是关西诗人，尹洙曾对杜衍说，这个人"使白衣入翰林亦不忝，减死一等黥流海岛亦不屈"。这个不会谦虚的倔强的人，曾在驿站的墙壁上题诗，说：

踏碎贺兰石，扫清西洛尘。
布衣能效死，可惜作穷鳞。

---

① 《范文正公集》卷一四《书环州马岭镇夫子庙碑阴》。张揆，《宋史》卷二九四有传，但不及此书碑之详。

虽有不遇的感慨，却很有一点远志①。仲淹举为环州军事判官。后来推荐他任学官，说这个人在边地工作，不怕苦，不畏难，文章奇峭，有古人的风格②。任参知政事时，仲淹奏举杜杞等十人充馆职。宋承唐制，置史馆、昭文馆、集贤院，后来又建秘阁。在三馆和秘阁工作的人，被视为文臣清贵之选。馆阁在那个时候，是个储材的地方，被称为"育材要府"的。姚嗣宗也在这被奏举的十人之列③。

胡瑗这时候因为仲淹的推荐，来丹州（今陕西宜川）任推官。郭京也被派到陕西来参谋军事。还是在江南的时候，仲淹就对胡瑗很器重，举他做学官，叫长子纯祐拜他做老师。郭京"少任侠，喜谈兵"，到陕西来参议军事，正可以发挥他的作用④。

仲淹对人才极为重视，曾作《得地千里不如一贤赋》，以为贤者的价值一百个城也比不上⑤。在陕西的时候，他还起用那些犯过错误而有才能的人⑥。他认为一个人犯了错误，一辈子被冷落，就很不好。"兽穷则变，人穷则诈。"这个道理，古人是懂得的。对犯过错误的人，不能一脚踢开。边境上需要人才，更当"使过"，给犯过错误的人以自新之路。唐代宰相张说荐举"负犯之人"作将帅，在给皇帝的表中，他说："活人于死者必舍生而报恩，荣人于辱者必尽节而雪耻"。古往今来，此理相同。他建议朝廷加以注意⑦。

庆州东北有个寨子叫马铺。柔远砦在它的西北，金汤、白豹在

---

① 《宋人轶事汇编》卷九引《湘山续录》，《能改斋漫录》、《贵耳集》亦记此事，均不及《湘山续录》之详。
② 《范文正公集》附《奏议》下《奏举姚嗣宗充学官》。
③ 《范文正公集》附《奏议》下《奏杜杞等充馆职》。
④ 《宋史》卷四三二《胡瑗传》，《续资治通鉴》四三庆历元年四月丙午条，《范文正公集·奏议》下《奏为荐胡瑗李觏充学官》。
⑤ 《范文正公·别集》卷三《得地千里不如一贤赋》。
⑥ 《石林燕语》卷一〇云："为帅府辟置，多谪籍未牵叙人。……凡军伍以杂犯降黜者，例皆改刺龙骑指挥。……因戏称之为'龙骑指挥使'云。"
⑦ 《范文正公集》附《言行拾遗事录》卷二引《实录》。

它的东北和西北。这三砦和马铺相距各为四十里左右。这是一个"深在贼腹中"的地方,后桥川在这里流入一条比它更大的河。人们说,在马铺修城,可以成为要害,断绝夏人和明珠、灭藏等族的往来,而这些少数族人是暗中帮助夏国的。

范仲淹看中了这个地方,但也想到在马铺筑城,夏国是要来力争的。

纯祐十九岁了,这时跟着父亲来到庆州,在部队里担任职务,是一个有胆有才而又很细心的青年。仲淹秘密派他和蕃将赵明占领马铺,秘密运去筑城材料和器具,然后,亲自率兵进驻柔远,宣布要在马铺筑城。仲淹至马铺慰劳筑城士卒,告诉将士敌兵一定要来,应当做好应战的准备。马铺城在十天内筑成了,西夏以三万骑来争,仲淹指挥作战。血战方酣,夏兵忽然撤退,仲淹下令勿追。城成,朝廷赐名"大顺"①。北宋著名思想家张载为此作记,词云:

皇皇范侯,开府于庆,北方之师,坐立以听。
公曰彼羌,地武兵劲,我士未练,宜勿与竞,
当避其强,徐以计胜。
吾视塞口,有田其中,贼骑未迹,卯横午纵。
余欲连壁,以御其冲,保兵储粮,以俟其穷。
……
贼之逼城,伤死无数,谋不我加,因溃而去。
公曰可矣,我功汝全,无怠无遽,城之惟坚。
劳不累日,池陴以完,深矣如泉,高焉如山。
百万雄师,莫可以前。公曰济矣,吾议其旋。

---

① 《范文正公集》附《褒贤集》富弼撰《墓志铭》,《宋史》卷三一四《范仲淹传》。

> 天子曰嗟,我嘉汝贤。锡号大顺,因名其川。①

仲淹反对深入西夏的进攻战,主张持久的防御战,张载理解得很深很透。大顺城在军事上的价值,"百万雄师,莫可以前",当然是夸张之笔。

大顺城成,环庆路都监、都巡检使、柔远寨主和权庆州都监,都进了官,受了赏②。仲淹从大顺城回庆州,有一首五言绝句:

> 三月二十七,羌山始见花。
> 将军了边事,春老未还家。③

受赏将军的辛苦,不也跃然纸上么!

和青涧城一样,招募土兵担任守城的任务,不刺面,只刺臂,不训练的时候还可以留在家里耕作。戍守是轮流的,"日给粮。人赋田八十亩,能自备马者益赋四十亩,遇防秋官给器甲"。这些人叫做强人弓手,共有六个指挥(营),一指挥大约五百人④。

筑城是仲淹在陕西的一件大事,这件事和营田同为他所提出的"守策"的重要内容。在筑城这件大事中,他发现了人才,筑青涧城有种世衡,筑大顺城又有张去惑。张去惑遇事不避艰苦。筑大顺城时,开始有夏兵骚扰,人心浮动,要求停止修筑。去惑被派去做工作,将士才一心一意,不分日夜兴工,十天把城修好。后来在宁州(今陕西宁县)专管筑城,依山为险,功料需要多,工程难度大,他

---

① 《张载集》附《文集佚存·庆州大顺城记》。
② 《长编》卷一三六庆历二年五月庚申条。
③ 《范文正公集》卷四《城大顺回道中作》。
④ 《宋史》卷一九〇《兵》四云:"环庆二州复有砦户,康定中,以沿边弓手涅手背充。……大顺城……有强人弓手,天禧、庆历间募置,番戍为巡徼斥候,日给粮;人赋田八十亩,……"

89

措置裕如，连防城的战具都一无遗漏，办得又快又好。仲淹当枢密副使时，就专门向朝廷推荐他，主持在京榷货务的工作①。

环州有许多大小羌族部落，有的叫"熟户"，有的叫"生户"。"熟户"接受宋朝统治，他们的首领或封官号，或受赏赐②。宋夏战争开始后，他们暗暗帮助夏人。大顺城成，阻断了他们和夏人的来往。

仲淹非常重视对这些羌族部落的工作，到庆州不久，就请求把种世衡从青涧城调来，说世衡"素得羌心"，环州羌人部落，常被夏人引诱，而他们的心向着夏人，这种情况，只有世衡能改变③。

仲淹亲自出去视察少数民族的工作，检阅他们的武装力量，用皇帝的名义犒赏他们。规定他们已经"和断"了的仇隙不能报，违反了要罚，伤了人的罚一百头羊、两匹马，杀死人的要处斩刑。债务上有争执，可以上告，不能捆绑一般老百姓作为抵押，违反了的要罚羊五十头、马一匹。西夏大举进攻，不按规定入保城砦的要罚羊；按照规定的，公家供给饮食④。不久，种世衡调知环州，仲淹倚重他，继续筑细腰、胡卢诸砦，明珠、灭藏这些羌人部落才把向着夏人的心转向宋人，管仲淹叫"龙图老子"⑤。

---

① 《范文正公集》附《奏议》下《奏举张去惑许元》云："昨庆州修大顺城，建事之初，日有寇至，人情畏惧，却求中辍。遂差张去惑往彼劝谕，将佐昼夜兴功，众乃同心，方能集事。兼于宁州专管修城，或创修山城，功料浩瀚，并以了毕，防城战具皆精办。"
② 《宋史》卷一九一《兵》五《蕃兵》。
③ 《范文正公集》卷一三《种君墓志铭》。
④ 《宋史》卷三一四《范仲淹传》。
⑤ 《渑水燕谈录》卷二："范文正公以龙图阁直学士帅邠、延、泾、庆四郡，威德著闻，夷夏耸服，属户蕃部率称曰龙图老子。"

一五、"西贼闻之惊破胆"

庆历元年快要结束的时候,传来了辽兵准备南下,要求"归还"关南十县的消息①。

这年秋天,西夏在麟州(今陕西神木北)、府州(今陕西府谷)打败宋朝的守兵。麟、府的东面都是大河。黄河自北而南,一泻千里。州城因山为固,形势险要。二城相距一百四十里,它们北面的丰州八月中就被西夏占领了②。

冬天开始的时候,河北二十一个州、军,都忙着修城③。当然,这是宋朝应当有的边备。但辽国却以为这是一个好机会,应当抓紧时机,向"南朝"提出领土的要求。

二年正月,辽国集中军队屯扎在宋边境,派了两名使者至宋,说关南十县土地是辽国的旧疆,南朝应予归还。对宋更提出质问,说西夏早已向辽称臣,不应该一个招呼也不打,便对西夏用兵④。

接待辽国使者的官员,是在青年时就为仲淹赏识的富弼,这时担任右正言,是个谏职⑤。辽使和富弼在雄州(今河北雄县)相见,谈得很坦率,辽国也毫不掩饰它的真正目的。

富弼奉命使辽,朝廷以为礼部员外郎、枢密直学士。富弼不受

---

① 《续资治通鉴》卷四三庆历元年十二月丙申条。
② 《续资治通鉴》七月、八月、九月有关诸条。
③ 《长编》卷一三四庆历元年十月戊寅条。
④ 《续资治通鉴》卷四四庆历元年正月辛未条。
⑤ 《宋史》卷三一三《富弼传》。

官职，说："国家有急，惟命是从，是我的责任，用不着加官晋职。"①

到了辽国，富弼以无可辩驳的历史事实，对辽主说："旧账很难算。晋高祖把卢龙一道给了契丹，周世宗从契丹手里取回关南，这都是事实，都过去了。宋朝建国已经九十年，倘要恢复旧疆，对你们也没有好处。"又以充分的理由，申论用兵西夏，无可非议，说："你们打高丽，打黑水，和南朝打过招呼吗？没有。过去，我们不知道你们和元昊的关系，只因他侵犯我国边境，加以回击。在这点上，你们有意见。继续打下去，势必影响我们的关系；不打，就坐视吏民之死而不救了。易地而处，不知道你们怎么办？"辽主用契丹语和他的臣僚商议了好半天，徐徐说道："元昊侵犯你们的边境，南朝岂有不回击之理！"②

辽主请富弼出猎，他念念不忘的还是祖宗故地，向富弼表示得到关南十县辽宋便可永久和好。富弼说："你以得祖宗坟地为荣，我们便以失祖宗故地为辱。澶渊之盟以来，辽宋成为兄弟之国已经很久了，难道可以叫这样的两个国家一荣一辱么！"③

这年秋天，辽宋两国，以宋增加岁币绢十万匹、银十万两而继续和好④。富弼在这一回对辽外交中，两度出使，第一次死了女儿，不顾而行；第二次生了个男孩，也来不及看一眼。每得家书拆也不拆，说："拆了，徒乱人意。"⑤

西夏原来和辽国相约，困扰中原。辽国和宋因宋增加岁币复归于好，以此，西夏对辽国暗暗地有怨言。

这年秋尽，元昊又在陕西发动新的进攻。进攻是从泾原路的镇

---

① 《宋史》卷三一三《富弼传》。
②③ 《长编》卷一三七庆历二年七月戊午条。
④ 《长编》卷一三七庆历二年九月乙丑条。
⑤ 《宋史》卷三一三《富弼传》云："始受命，闻一女卒；再命，闻一子生，皆不顾。"

戎军（今宁夏固原）开始的。元昊亲自率兵，采取诱敌深入、聚而歼之的战略。泾原路副都部署葛怀敏的军队被吸引到定川砦（今固原西北），被重重包围。怀敏和裨将曹英等十六人战死，损失士卒九千多，马匹六百多①。

夏人乘胜南下，以长驱直入之势，过了渭州（今甘肃平凉）直到潘原（今平凉东），离泾州（今甘肃泾川）已经很近了。在纵横六七百里的地方，焚荡庐舍，杀掠居民，扬言要打到长安去。

泾州守臣滕宗谅，和仲淹是同年进士，很能干，天塌下来神色不变。仲淹称赞他，信赖他。泾州守兵不多，宗谅把农民请进城，担任防守；还用金帛招募敢死之士，打到敌人中去，侦察他们的行动，提供确实的情报②。

仲淹从庆州驰援泾原，打算在西夏回兵时加以邀击，但夏兵迅速退去。仲淹于是移师关辅，显耀了一下兵力。原来担心西夏打到长安来的人们，都放下心了③。

定川砦怀敏战殁的消息传到了京师，朝廷为之震骇。宰相吕夷简慨叹："一战不如一战！"④ 第一战败于三川口，二战败于好水川，定川砦是三战。

泾原路的军政长官王沿，因定川之败，降知虢州（今河南灵宝）⑤。皇帝称赞仲淹的才干，说可大用，以为枢密直学士、右谏议大夫，既进职，又加官。仲淹上表辞让，说："现在边略未定，兵力未强，威令不怎么被重视，在战场上常常被打败，一切还是老样子，

---

① 《长编》卷一三七庆历二年闰九月条。
② 《范文正公集》卷一三《滕君墓志铭》云："及葛怀敏败绩于定川，寇兵大入，诸郡震骇。君以城中乏兵，呼农民数千，皆戎服登城，州人始安。又以金缯募敢捷之士，昼夜探伺，知寇远近。"
③ 《范文正公集》附《褒贤集》富弼撰墓志铭。
④ 《儒林公议》卷上。
⑤ 《长编》卷一三八庆历二年十月丁卯条。

不知道什么时候边境上才得安宁。这次敌人进兵,葛怀敏被引诱堕入埋伏,一战溃败,死伤满野,被俘掠的数也数不清。我因为环庆路也有许多问题,没有能够及早救援,想起来就痛心疾首,日夜悲忧,头发成丝,血变为泪,殒殁无地,还有什么心接受朝廷的荣宠!"

又说:"自从西方用兵,死伤人数,前后不下二十万。死者为鱼肉,生者为犬羊。我揣测陛下的心,必为之震动。但人们只看到颁爵赏,以为朝廷高枕无忧,对不起老百姓。我希望陛下因此震动,深自谦损,以柔远未至选将有差的意思,告罪于皇天后土,五岳四渎,下感人心,上答天戒。这样,陛下作了罪己的榜样,两府大臣也就会感到自己没有尽到责任,必有逊谢之请。我们这些人,不仅宿兵,而且困民,在战场上又不见功效,罪是很大的,应当撤掉馆职,降官一等,戴罪立功,以谢边陲,以警将佐,以励军旅。"①

这年十月,王尧臣任命为泾原安抚使。在这之前,他曾被朝廷派到陕西来了解情况。他以为宋朝军队屡被打败,都是由于西夏"先据胜地,诱致我师,将帅不能据险击归,而多倍道趋利"②。这是合乎实际情况的。陕西守军的另一个不利的情况,是"兵寡而势分"。东起麟、府,西尽秦、陇,二千多里长的边境上,西夏可以从任何一点进攻。陕西四路,兵力三十万,州、军二十几,塞堡几近二百,都要列兵而守,形势是很被动的③。

尧臣到陕西之后,向范仲淹征询边事的意见。对陕西情况的分析,他们是一致的。仲淹说:"陕西沿边二千多里,州军城寨都要驻兵,这是没有办法的。西夏进攻,往往集中兵力,全军而来。我们就必须以寡击众,这就需要指挥得人,将士用命,以奇制胜。我们

---

① 《范文正公集》卷一六《让枢密直学士右谏议大夫表》。
② 《宋史》卷二九二《王尧臣传》。
③ 《宋史》卷二九二《王尧臣传》,并参见《西夏史稿》六三页。

不能和夏人大决胜负,只能找空子打,叫他们进攻时所得不多,不能全胜。"①

在用人这方面,仲淹向尧臣建议,要大力提拔、培养人才,要从"使臣、军员"中物色有勇有谋的人,不必计较资历,放手任用。这样,才可以以那些可用之人,填补目前将帅的不足②。使臣指的是低级军官。

十一月,朝廷调整了陕西四路的帅臣。由于仲淹的建议,滕宗谅由知泾州徙为环庆路都部署兼知庆州,文彦博由知渭州徙为秦凤路都部署兼知秦州。

这时,文彦博风华正茂,不过三十几岁。后来出将入相,凡五十年。八十几岁了,辽国使者望见他,不禁诧异,对苏东坡说:"还这么年轻!"东坡告诉辽使,彦博处理日常事务,干练的年轻人不一定比得上;贯穿古今,议论风发,即使专门名家也有所不如③。

张亢从河北调知渭州,任泾原路都部署。泾原路地平少险,西夏进攻,多半从这里开始。定川砦败后,这里受到破坏,还没有复原。张亢有丰富的军事经验,还担任过镇戎军的通判④。

鄜延路庞籍留任,并与韩琦、范仲淹分领陕西四路都部署、经略安抚沿边招讨使。仲淹、韩琦同驻泾州,四路都部署司便设在这里,统一各路的指挥,军事上来不及向朝廷请示报告的,可以"便宜从事"⑤。关于这一点,文彦博已经向朝廷作过建议,说对西夏用兵之后,大将连处罚那些临阵脱逃的人的权也没有,要打胜仗,难得很,必须加以改变⑥。现在仲淹等人得到可以便宜从事的命令,就大大减少了由于朝廷事事遥控给军事上带来的损失。

仲淹非常重视羌族的工作。在鄜延修青涧,在环庆修大顺,都

---

①② 《范文正公集》卷九《答安抚王内翰书》。
③⑥ 《宋史》卷三一三《文彦博传》。
④ 《宋史》卷三二四《张亢传》。
⑤ 《长编》卷一二八庆历三年正月辛卯条。

是他直接抓的。后来鄜延筑桥子谷砦,泾原筑细腰、胡芦,也是为了加强对羌族的工作。泾原路原州(今甘肃镇原)羌族明珠、灭藏、康奴三个部落,力量最大,有兵数万,亦最强盛。泾原路原来想用武力压服他们,仲淹反对,说:"这样一来,他们就要投入西夏的怀抱,南入原州,西扰镇戎,东侵环州(今甘肃环县),边患就要越来越厉害。"他提出要趁西夏不备,全力攻占细腰、胡芦,断绝夏人和三部来往①。他招募熟户作弓箭手,分给土地,尽可能使他们富足,尽可能使他们和汉人合作。这些弓箭手后来成为劲旅,在对西夏战争中,作战能力,远远超过驻防陕西的禁兵。禁兵是宋中央的正规军,驻防陕西,都有乡土之恋,作战能力很差,被住在陕西的人称为"东兵"②。

仲淹和韩琦同驻泾州,提拔了很多人。雷简夫、姚嗣宗、马怀德、张信,有文有武③。雷简夫后来成为著名的书法家,据说是知雅州(今四川雅安)时听到江声,才有悟于用笔之法的④。

不论是行政和军事,陕西都感人才不足。仲淹主张拣选将校,以为只有将校得人,士卒才能增气,向朝廷提出要把那些老的、弱的、全不得力的人加以撤换,从下级军官中挑选吃得苦,有武勇心力的人,即使曾有过犯,也要加以任用⑤。

他们请求朝廷派京官来边境担任县长、县令,说用兵备寇,尤要得人;能干人来了,不仅可为边地造福,也使他们得到锻炼,等到要用人的时候,朝廷也"不乏人臣"⑥。

计功受赏,是一件大事。他们请求朝廷重定战功赏格,在上报"边上得力材武将佐等第姓名时",狄青和种世衡都列在第一等。对

---

① 《宋史》卷三一四《范仲淹传》。
② 《宋史》卷一九〇《兵》四,并参《西夏史稿》六四页。
③⑤ 《范文正公集》附《奏议》卷下。
④ 《书林藻鉴》卷九。
⑥ 《范文正公集》附《奏议》卷下《奏乞差新转京官人充沿边知县事》。

狄青的评语是："有度量，勇果能识机变。"对世衡的评语是："足机略，善抚驭，得蕃汉人情。"第一等共四人。第二等十一人，周美名列第一。在对夏战争中，他是少数能打胜仗的一个。周美还善于做羌族居民的工作，"招种落内附者十一族"，对他的考语是："谙练边情及有武勇。"第二等中还有一位安俊，在羌族中也有威名，被称为"安大保"。环州得俘虏，种世衡问他："你对我们这里的人怕谁？"他说："怕安大保。"①

仲淹和韩琦同心协力，主持西事，计划出横山，收复灵州（今宁夏灵武西南）和夏州（今陕西靖边）。人称为"韩范"，边上人唱道：

军中有一韩，西贼闻之心骨寒。
军中有一范，西贼闻之惊破胆②。

---

① 《范文正公集》附《奏议》卷下《奏边上得力材武将佐等第姓名事》，《宋史》卷三二三《周美传》、《安俊传》。
② 《五朝名臣言行录》卷七之二引《名臣传》。

一六、 宋夏和议与政局变化

在战争当中，西夏始终没有放弃和平的试探，几年来，虽然打了不少胜仗，但物力消耗大，战场所得不偿所失，人心厌战，元昊也总是想乘战胜有利条件，试探和平，索取更多的金帛、物资①。

辽国与宋重归于好，向元昊表示，希望夏宋之间能化干戈为玉帛。当然，它也不愿有个强大国家与它为邻②。

庆历三年（一〇四三年）正月，元昊派了一名使臣贺从勖带了国书来延安求和。书中称宋朝皇帝为父，自称为子；称宋为"东朝"，自称"西朝"。鄜延路军政长官庞籍和他打交道，对他说："来书不用宋正朔，又不称臣，我不敢向朝廷报告。"贺从勖说："子事父，如臣事君。"希望去汴京正式请和。假如皇帝一定要我们称臣，就回去再商议。朝廷这时候也想和，秘密通知庞籍："只要元昊称臣，即使僭号也无害。"贺从勖得到允许去京师。庞籍向皇帝报告，说西夏和宋久不通市，饮无茶，衣无帛，求和是有诚意的③。

夏使到京后，仲淹和韩琦都以为："不改僭号，就不能和；假如卑词厚礼，改称兀卒，边备也不能懈怠，要防止重来。"④ 兀卒是元昊在国内的称呼，汉语的意思是"天子"。

---

① 《西夏史稿》六八、六九页。
② 《长编》卷一三八庆历二年是岁条云："朝廷益厌兵。会契丹使者来，亦言元昊欲归款南朝而未敢，若南朝以优礼怀来之，彼宜洗心自新。"
③ 《长编》卷一三八庆历二年是岁条，卷一三九庆历三年正月癸巳条；《西夏史稿》七〇页。
④ 《续资治通鉴》卷四五庆历三年二月乙卯条。

这年四月，朝廷派邵良佐带了和议条件去夏国，答应封元昊为夏国主，在保安军和高平砦（今宁夏固原）设立榷场，进行贸易，岁赐绢十万匹、茶三万斤①。

吕夷简因病求退。他任宰相多年，甚为仁宗所倚重。孙沔上书，说他"黜忠言，废直道"，只知道姑息求安，以推卸责任、逃避批评为得计。三次入相，正当西边用兵，老是打败仗。契丹乘机要索，国家人力物力十分不足，地方守宰称职的十不得一，法令常常变动，士民一片嗟怨，一点办法拿不出来，吕夷简不能不负责任。朝廷要趁这个机会重振纲纪，把那些当做的事做起来，选贤任能，节用养士。皇帝不以孙沔上书为罪，吕夷简也说："闻恨迟十年。"②

三月，夷简罢相，富弼被命为枢密副使。不久，范仲淹、韩琦也接到同样的任命③。仲淹的老友欧阳修为知谏院，这是一个重要职务，在北宋政治生活中，它和御史台合称"台谏"，朝廷大事，包括宰执是否称职以及用人不当，它都可发表意见，予以谏正。

仲淹和韩琦五次上表请辞，他们都以为在陕西四年，对边情已经熟悉，一切都按照已定计划进行：选拔得力将佐，加紧修筑城砦，训练兵马，完备器械，打算再过三两年，讨服横山一带居住的羌人部落，消除边境祸害。马上离开，新来的人又得重新熟悉边情。送故迎新，人心不安定，有可能使边防工作受到损失。假如敌人乘我不备，便易得计④。

---

① 《长编》卷一四〇庆历三年四月癸卯条。
② 《长编》卷一三九庆历三年正月丙申条。
③ 富弼被任命在三月壬申，韩琦、范仲淹被任命在四月甲辰，并见《长编》。
④ 《范文正公集》卷一八有臣等陈让五状，此据一、五状。《与朱校理书》云："十六日被旨赴阙，至二十二日，与韩公同上五章……乞且留任。"（《范文正公集》附《尺牍》下）

西夏请和一事，他们在表中也作了分析，认为宋夏四十年和平，一旦被破坏，值得深思。夏人求和，情伪未知，道路传闻又在调集兵力，很可担心。假如西夏以求和为名，"别营凶计"，我们一旦离去，夏人"或有侵轶，害及生灵，使朝廷重忧"，我们"虽伏显诛，亦无所救"①。

宋夏和议在进行。仲淹、韩琦都被调入汴京。杜衍由枢密副使擢正使。原来已被任命为此职的夏竦，仍旧回了蔡州（今河南汝南）。夏竦自陕西召回，判蔡州，召为枢密使，很多人反对他，说他在陕西胆小怕事，办事不肯尽力，还暗中交结宦官②。

新任相职的是章得象和晏殊，贾昌朝参知政事。谏官除欧阳修外，还有蔡襄、王素和余靖。

王素是北宋名臣王旦最小的儿子。仁宗生子，打算普遍地加一次官，他不赞成，说西边正在打仗，"宜留爵秩以赏战功"。后来又谏请仁宗把王德用所进的两名女子送回去，仁宗说："她们在我身边已经很久了。"他说："我担心的正是她们在你身边。"③

蔡襄是宋代最著名的书法家。人们说，看他写的字，像读欧阳修作的文，"端严而不刻，温厚而不犯"。宋代有名的书家苏东坡、黄山谷和米芾，都不如他浑厚、庄重④。余靖当范仲淹贬官饶州时，曾向皇帝提出不当把敢于讲话的人加以放逐⑤。

这些人，当时都是被称为贤者的。

仲淹还没有入京，国子监直讲石介就写了一首庆历圣德诗，对

---

① 此据《范文正公集》二、三状。
② 《长编》卷一四〇庆历三年四月乙巳条。
③ 《宋史》卷三二〇《王素传》云："太尉（王）旦季子也。……适皇子生，将进百僚以官，惠诸军以赏。素争曰：……宜留爵秩以赏战功，储金缯以佐边费。……王德用进二女子，素论之，帝曰：……然已事朕左右，奈何？素曰：臣之忧正恐在左右尔。"
④ 《书林藻鉴》卷九引邓肃及苍润轩碑跋。
⑤ 《宋史》卷三二〇《余靖传》。

这个新政府的人物，一一加以赞美。对仲淹，他称赞说：

> 惟汝仲淹，汝诚予察。太后乘势，汤沸火热。
> 汝时小臣，危言業業。为予司谏，正予门闑。
> 为予京兆，圣予谠说。贼叛予夏，往予式遏。
> 六月酷日，大冬积雪。汝寒汝暑，同予士卒。
> 予闻辛酸，汝不告乏。①

用的是皇帝的口吻，说仲淹为皇帝所深赏。太后听政时，仲淹官位还低，却已危言高论，不惧权势。后来任谏职，做开封府知府，疾谗说，勇敢地和错误作斗争。西方用兵，祁寒酷暑，与士卒同甘苦，一点也不退缩。把仲淹和富弼，比作古代名臣夔和契。诗中，还指斥夏竦为大奸，把竦罢回蔡州，说是"大奸之去，如距斯脱"②。距是雄鸡脚爪，鸡斗时便用脚爪互相攻击。

赴京途中，仲淹读到这首诗，对韩琦说："这种人真坏事！"③为仲淹所赏识的孙复，也为石介担忧，说日后必因此而得祸④。庆历新政失败，石介被逐，通判濮州（今山东鄄城北），没到任就死了。但夏竦不放过他，诬陷他和一个谋反的人有牵连，说他逃往契丹，并没有死，要把棺木打开，看看是不是真死了。石介家乡几百人保证石介真已死，才免发棺，但他的子弟仍受到处罚，羁管他州，过了很久才放回家园⑤。

石介是个学者，专门研究过唐史，作了一部《唐鉴》，借佞臣、宦官、宫女，"指切当时"，一点忌讳也没有⑥。仲淹对他很了解，任执政时，余靖推荐石介作谏官，其他执政都同意，只他不同意，

---

①② 《宋史》卷四三二《石介传》。
③ 《范文正公集》附《言行拾遗事录》卷一。
④ 《宋史》卷四三二《石介传》云："诗且出，孙复曰：子祸始于此矣。"
⑤⑥ 《宋史》卷四三二《石介传》，又《东轩笔录》卷九。

说:"石介这个人,刚正不阿,是大家都知道的。但脾气很怪,一旦作了谏官,一定要皇帝做一些难以做到的事。一点不顺心,便要拉着皇帝,叩头流血,什么事都做得出来的。"①

仲淹心事重重地走向汴京。回望还没有安宁的边境,他的心沉下来了。多么希望留任啊!他和韩琦是一样的;现在,希望化成了烟,他们的心情也相同。不久,又要防秋了。去边境一天一天地远,在京毕竟和在泾州不同,一旦西夏生事,谁来承担这个过失?战争不是儿戏,军民的生命、财产绝不是小事呀!②

邵良佐这年七月从西夏回来,带来了和议条件,西夏仍旧坚持称男而不称臣。朝廷倾向接受夏国的条件,韩琦极力反对③。塞门砦和丰州已为西夏所占领,多数人认为和议的条件,要包括收复这些失地在内。仲淹以为这些地方,原来为属户所居住,夏人攻占之后,属户都迁走了,留下的是一片空隙,"中国利害,不系于此"。他向皇帝讲历史,说刘邦、李世民都曾"屈事戎狄",等到国力强了,将帅得人了,才对匈奴、突厥发动攻击,"以雪天下之耻"。又说宋太宗的时候,"北陷易州,西失灵夏",与契丹、西夏议和时,都"略而不言"。在仲淹看来,战争长期拖下去,不仅要"困耗生民",而且变化难测,要成为"社稷之忧"。他主张"名体已顺",便可言和,然后重新研究边防,把兵撤掉,把供给边上的粮草减下来,让老百姓喘口气,努力耕作,选练将士,使国富民强,"以待四夷之变"。不能够和"戎狄"争是非,决胜负,"以耗兆民,以危天

---

① 《范文正公集》附《言行拾遗事录》卷一、《东轩笔录》卷一三。
② 《范文正公集》附《尺牍》下《与朱校理书》云:"边事未宁,防秋在近,乞且留任。……入则功远而未济,后有边患,咎归何人,军民亿万,生死一战,得为小事耶?"
③ 《续资治通鉴》卷四五庆历三年七月乙酉条。

下"①。

宰相晏殊,和仲淹意见相同。欧阳修激烈反对议和,以为这样屈从西夏,与之议和,不以为羞的,多半是"不忠无识之人"②。

第二年五月,元昊称臣,自号夏国主。宋夏和议正式成立③。

朝廷内部对和议意见不同,争论亦烈。范仲淹坚持不必索还已失之地,和夏国缔结和约,说他"备位二府",有责任考虑国家安危大计,不敢避谤。和他交谊甚深、关系至密的人也有些站在对立的地位。

---

① 《范文正公集》附《奏议》下《奏元昊求和所争疆界乞更不问》。
② 《续资治通鉴》卷四五庆历三年七月乙酉条。
③ 《宋史》卷一一《仁宗纪》三。

一七、 得人则治，失人则乱

宋自太祖建国，到仁宗庆历初，已经八十几年。西边、北边都不断发生问题。国内政治、财政，大大小小的问题，也已经逼着人来。仲淹到京之后，天天照例和两府长官向皇帝报告寻常公事。日子过得像平静的流水，京师也和往日一般，熙熙攘攘，炫耀着它的繁华。

从太祖以来，宋朝就把重兵驻扎在京城及其邻近地区，造成内重外轻之势。汴京粮食需要量很大，每年从江苏、浙江、安徽、江西、湖南、湖北这些地方运送粮食，数目达到六百万石①。朝廷专门设立了一个漕运机构，漕江南六路粮食，兼掌茶盐泉货，由发运使主持。但自明道以来，北运粮食往往达不到六百万之数，满足不了京师的要求②。饥民抢粮的事已经发生。仲淹任枢密副使，向朝廷推荐许元，说这个人有知识、明事理，是理财能手，不做"侵刻"的事，能关心老百姓疾苦，可以担任江淮两浙荆湖制置发运司的判官③。

许元是一位理财专家，西方用兵，他被举主持在京榷货务，变输粟入边给钱的办法为给南盐，很受边境欢迎。仲淹推荐他负责漕运，他表示："六路七十二州的粮食，还不能满足京师的需要，我不

---

① 《中国历代户口、田地、田赋统计》二九四页。
② 《宋史》卷一七五《食货》上三。
③ 《范文正公集》附《奏议》下《奏乞将所举许元张去惑下三司相度任使》。

相信。"① 到任后，便下令沿江州县储粮，一律留足三个月，多余的全部北运。其他地方，依路途远近，以次相补。一千多艘粮船，迤逦相属，浮江入运河，折而西向。不久，汴京粮食的恐慌解除了②。

仲淹当了三十多年官，举荐人才总是孳孳不倦。许元从此负责漕运工作，由判官至发运副使、发运使，前后十三年。从江南漕至京师的粮食，年年必满六百万石，每年总有一百万石的储蓄，以备非常③。

任枢密副使不久，仲淹便参知政事。在二府的时候，他常与皇帝谈论人才的重要，以为"得人则治，失人则乱"。宋朝的馆阁是培养高级官员的地方。仲淹说，唐太宗设文馆，妙选贤良文学之士，让他们轮流住在馆内，请他们入内殿，讲论政事，往往到夜深。宋朝馆阁臣僚，"大率清贫"，经常在馆供职的人也不多。他认为这种情况不应当继续，要改变，向皇帝提出了一个十人的名单：杜杞、章岷、尹源、张揆、王益柔、吕士昌、苏舜钦、楚建中、姚嗣宗、孙复。说这些人有的"文词雅远"，有的"经术精通"，请求任之以馆职。他以为对馆阁臣僚要在生活上加以照顾，让他们能潜心钻研学问，这是培养人才最好的办法④。

在推荐这些人可以担任馆职的时候，他还为皇帝讲了宋初的历史，说太宗皇帝以唐太宗为榜样，特建秘阁，地位一如三馆，"听朝之余，时或游幸，此祖宗盛事，不为不重"。又说这回推荐的人很多，但他们在士大夫当中都是很有名的。现在边境上还有问题，值得忧虑，朝廷要千方百计，网罗人才。"俊哲所聚，虽危必安"，朝廷对于这些人，要认真选用⑤。

---

① 《长编》卷一四一庆历三年五月庚午条。
② 《宋史》卷二九九《许元传》。
③ 《居士集》卷三三《许公墓志铭》。
④⑤ 《范文正公集》附《奏议》下《奏杜杞等充馆职》。

杜杞是一位能吏。他祖父叫杜镐，为著名馆阁人物，住的地方仅能庇风雨，但他在那里一住二十多年，不谋迁徙。京西民变，商州、邓州、均州、房州和光化军都受到影响。仲淹这时候担任执政，杜杞便被命为京西转运、按察使。京西路约略相当于现在河南郑州、阜阳以西和湖北北面一部分地方。商州是现在陕西的商县，邓州这些地方都在河南的西南。宰相说杜杞学通古今，京西民变，很短时间也平定下来①。

张揆做知县的时候，把里胥放在一边，直接管理租赋，老百姓按时把租赋送到衙门；碰到旱灾，就请求免去灾区的租赋。知成德军（今河北正定）时，宦官阎士良过多地干涉帅权，他报告皇帝提出弹劾②。张揆的哥哥张揆自幼和仲淹认识，他的父亲张蕴则为仲淹所敬重，被视为"信道有素"的一位长者③。

王益柔字胜之。仲淹推荐他的时候，还没有和他见过面。西边用兵时，益柔就提过要备边、选将的意见。他是一位对历史很熟悉、有研究的学者。司马光写完了《资治通鉴》，很多人要求借阅，但还没有读完一纸，便昏昏思睡。司马光说："真正读完了的，只有一个王胜之。"④

楚建中曾经主管过鄜延路的机宜文字，是个有胆有识的能人。宋夏议和之后，他仍提出要筑安定、黑水八堡，控制东方道路。这八个堡都在延安的北面，使夏人不敢窥伺西界的东边⑤。

章岷和苏舜钦，仲淹是知之已久的。在睦州（今浙江建德东），章岷作州从事，仲淹官陕西，他又被推荐到陕西来。苏舜钦以仲淹

---

① 《宋史》卷二九六《杜镐传》，卷三〇〇《杜杞传》，《居士集》卷三〇《杜公墓志铭》。
② 《宋史》卷三三三《张揆传》。
③ 《范文正公集》卷一四《书环州马岭镇夫子庙碑阴》。
④ 《宋史》卷二八六《王益柔传》。
⑤ 《宋史》卷三三一《楚建中传》。

之荐，授集贤校理，监进奏院。给仲淹写信，说朝廷正多事之秋，对仲淹执政后不敢有所作为，表示不满，提出七个方面的意见。庆历新政的内容，和他所提的颇为吻合①。

姚嗣宗是仲淹在陕西发掘出来的人才。孙复，就是仲淹丁忧在南都时资助过的孙秀才，一位《春秋》学专家，早已推荐过的了。

这些人都较年轻，是仲淹的后辈。仲淹入中书，又请朝廷对有清望官推荐的王益柔、章岷、苏舜钦，先令学士院考他们文论，了解他们的才识，不要考那些"无补大猷"的诗赋②。

庆历三年（一〇四三年）五月，王伦在沂州（今山东临沂）起义。参加起义的主要是士兵，士兵之外，还有饥民。起义队伍先向青州（今山东益都），后复南下，经过楚州（今江苏淮安）、泗州（今江苏盱眙）、真州（今江苏仪征）、扬州（今江苏扬州），转战数千里，如入无人之境③。最后，才在和州（今安徽含山东北）被击溃④。王伦经过的地方，州县长吏，不是逃奔，便是投降，送礼请客不用说，甚至有把兵甲作为礼物的⑤。起义被镇压了，这些守土有责的州县官也当办罪了。当时担任枢密副使的富弼，主张严办。仲淹说："平日讳言武备，江淮郡县，城壁不像边塞上的坚固，要求那些长吏守土无失，不合情理。"⑥ 有一个叫晁仲约的，当时知高邮军（今江苏高邮）。起义军打到高邮，他叫富民出金帛牛酒，迎接起

---

① 《范文正公集》卷二《和章岷从事斗茶歌》，《苏舜钦集》卷一〇《上范公参政书》。
② 《范文正公集》附《奏议》下《再奏乞召试前所举馆职王益柔章岷苏舜钦等》。
③ 《乐全集》卷二一《论州郡武备》。
④ 《宋会要·兵》一〇之一四。
⑤ 《欧阳文忠公集》卷一〇二《论江淮官吏札子》。
⑥ 《隆平集》卷八《范仲淹传》，《范文正公集》附《言行拾遗事录》卷一。

义军。富弼提出要办晁仲约的死罪,愤怒地说:"'盗贼'公行,身为守臣,不能战,又不能守,还叫人醵金以为馈遗,按照国法,要办死罪。听说高邮人对之切齿,欲食其肉。"仲淹说:"高邮既无兵,又无械,知军虽守土有责,但事有可恕,不当办死罪。老百姓为了保全地方,出些钱,也许还是愿意的。说高邮之民那么恨他,恐怕也是传闻失实。"晁仲约因此免于一死。富弼很生气,说,现在正提倡法治,你却偏偏阻挠执法;还嘲笑仲淹说:"你大概是想做佛了!"仲淹平心静气地说:"皇帝正值盛年,我们不可引导他轻易杀人。祖宗以来,还不曾轻易杀过一个臣僚呢。"①

王伦起义被镇压之后,张海、郭邈山等在四川、陕西、湖北三省交界的地方起义。庆历三年九月,攻入金州(今陕西安康)。张海一路,到邓州(今河南邓县)时不过六十余人,有马,有弓弩。郭邈山在商山丛林中结聚已及十年。他们合起来,人数不过二百多。义军行军,一日一二百里,马乏了,便弃去,夺民间马补充。张海入金州,是知州王茂先放进去的。金州城内,军资甲仗,一任义军拣取。到邓州顺阳县(今河南淅川南)时,县令李正已敲锣打鼓,把义军迎入城内,大摆酒食,住宿在县衙门内,要什么给什么②。这一支义军,在京西几千里地方,转来转去,官吏作鸟兽散,"士民涂炭,以至江淮州县,无不震惊。"③

担任参知政事的范仲淹,非常担心起义队伍的扩大,一再向皇帝报告,说:"许多地方贫苦人,对张海他们很羡慕,成群结党,威胁州县,情况一天一天严重。"还说义兵"劫取财物,虏掠士女,烹

---

① 《龙川别志》卷下,《五朝名臣言行录》卷七之二即据此。二书均误以王伦为张海。

② 《范文正公集》附《奏议》下《奏乞召募兵士捉杀张海等贼人事》三奏,《欧阳文忠公集》卷一〇〇《论京西贼事札子》、《再论置兵御贼札子》,卷一〇一《论西京官吏非人乞黜按察使陈洎等札子》。

③ 《包孝肃奏议》卷二《论李用和捉获张海乞依赏格酬奖》。

宰牛羊，恣行意气，致诸处军民中强恶之人，往往生心"。他举汉唐史事，以为"汉唐之末，皆因群'盗'，而天下大乱"，主张召募吃得起苦的勇壮和曾经在军中服役证明是合格的士兵，选派精干人员带领，发给盘缠钱和棉衣，大幅度提高每月补贴，甚至柴薪盐醋也由官家开支，使这支召募来的新军不忧饥寒，镇压义军，忘身效死①。

在给皇帝的报告中，他还说要严肃军纪，逃兵确凿有据，动摇军心确凿有据，要办死罪。仲淹说在西边就是这样恩威并立，经验证明，只有这样，兵才能用，才能打胜仗②。

当张海所率领义军到达荆门军（今湖北荆门）时，仲淹向朝廷提出要从开封发兵三千，分三批出发，如"贼"已消灭，这些兵士，就屯驻荆南府（今湖北江陵）和潭州（今湖南长沙），"以镇远方"③。

京东、京西士民、饥民联合起义，把北宋吏治腐败无能暴露得很彻底。富弼以为京西诸州"贼盗"往来之处，长吏皆非其人，主张朝廷派两名转运使去京西，把那些不中用的，贪赃枉法的，老病昏昧的长吏加以撤换，就地选拔得力的人权任知州。当地实在派不出，就由朝廷派。知州得力，那就可以就地选用知县、县令④。

和富弼一样，欧阳修也认为不能让那些胡里胡涂、懦弱衰老不顶用的人做州县官，要认真挑选地方官吏，严立法令。当宰相、执政的，不能"直待打破一州，方议换知州，打破一县，方议换县令"⑤。

著名历史学家刘敞以为衣食不足，政赋不均，教化不修是"盗

---

① ②《范文正公集》附《奏议》下《奏乞召募兵士捉杀张海等贼人事》、《奏乞指挥管设捉贼兵士》。
③《范文正公集》附《奏议》下《奏乞发兵往荆南捉贼》。
④《长编》卷一四一庆历三年九月丁丑条。
⑤《欧阳文忠公集》附《奏议》卷四《再论置兵御贼札子》。

之源"。源堵住了,"盗"也就止了。他很有感慨地说,现在之所以不足、不均、不修,不能说不是牧守的过失①。

向皇帝上书"乞择守令"的,还大有人在。州县长吏的腐败无能,被京东、京西两路的士兵、农民用武器揭开了。

仲淹对吏治的整顿,也就从选择州县长吏开始。

---

① 《公是集》卷四〇《患盗论》。

一八、 庆历新政

庆历新政，是历史上一次有名的改革。整顿吏治是改革的核心，其第一步是从选择州县官吏开始的。

三年十月，朝廷派了几名能吏担任河北、淮南、京东诸路都转运按察使，给以全权，考察州军官吏，罢免老得不能任事的，纠劾贪赃枉法的，撵走昏庸没肩胛的；对那些洁己爱民的加以提拔，能干得人心的予以升迁①。

仲淹到京不久，谏官们就推荐他作参知政事。原任参知政事王举正，懦弱不称职，谏官要求加以罢免。仲淹说："执政官能由谏官而得吗？"不肯就职②。

已经很多年了，仲淹被贬知饶州。这些谏官为仲淹说过话，表示过对他的支持。人们诬之为朋党③。

夏天过去了。八月，仲淹由枢密院入中书。枢密副使由富弼接任。

从青年时代起，富弼就为仲淹所赏识。他出使契丹，外交办得很出色。朝廷屡命以高官，都坚辞不受。这回与仲淹同入政府，很受到人们称赞、拥护④。

仲淹人在汴京，心在陕西，对西方边事，无时无刻不放在心里。

---

① 《长编》卷一四四庆历三年十月丙午条。
② 《长编》卷一四二庆历三年七月丙子、丁丑条。
③ 《宋史》卷三一九《欧阳修传》云："初，范仲淹之贬饶州也，修与尹洙、余靖皆以直仲淹见逐，目之曰'党人'。自是，朋党之论起。"
④ 《宋史》卷三一三《富弼传》。

在枢密院的时候，就请求皇帝派他和韩琦巡行西边，曾被命为陕西宣抚使，暂时留在京师。任参知政事之后，又请求亲往陕西，说："西夏求和，不一定靠得住。和议成不成，边防都要重视。我在边塞久，情况熟悉，不论是军事或是军需的供应，都心中有数。"①

仲淹的请求没有被采纳。作副宰相的照例赏赐，仲淹辞不敢受，以为"涓劳未立"，不能无功受赏②。

汴京九月，天气明净。仁宗在天章阁召见宰辅，要他们对国家大政，发表意见。天章阁是真宗皇帝在世时建的，收藏真宗文集和手迹。设待制、侍讲，后来又设学士和直学士。延见大臣，这回恐怕还是第一次。仲淹已多次被召，询以所当兴革的事，已经深深感到皇帝对自己的信任和期待。这回，他和富弼特别受到尊礼，"赐坐，给笔札，使疏于前"③。

北宋建国已经八十多年了，革久安之弊，非朝夕所能办。这一点，仲淹看得十分清楚。早在天圣五年（一〇二七年），仲淹因母丧住在南京，上书宰相、副宰相，就提出了选择郡守县令以救弊的建议，以为"民利不作，民害不去"，都是父母官的责任④。十七八年过去了，国家的乱子日渐增多。致乱之源，就是吏治腐败，郡守县令不得人。要淘汰一些人，提拔一些人；要限制推恩任子旧制，要杜绝请托偷惰之风。使那些贤能之人在位，兴利除弊，才可以改变因久安而来的积弊。

---

① 《范文正公集》附《奏议》下《奏乞罢参知政事知边郡》云："今西人议和，变诈难信，成与不成，大须防将来之患。臣久居边塞下，诚无寸功，如言镇彼西方，保于无事，则臣不敢当；但稍知边情，愿在驱策，……惟期夙夜经划，措置兵马财赋，及指踪诸将，同心协力，以御深入之虞。"

② 《范文正公集》附《奏议》下《奏乞免参知政事锡赉》。

③ 《宋史》卷三一三《富弼传》，卷三一四《范仲淹传》，卷一六二《职官》二。

④ 《范文正公集》卷八《上执政书》。

仲淹深思熟虑之后，提出了有名的《答手诏条陈十事》，认为国家必须改革，必须来一个变化。他先引经义，说变是不可避免的，"穷则变，变则通，通则久"。被列为经之首的《易》就是讲变化的。"天地四时，犹有消息"，这是西晋人的体察。"几点梅花春读《易》"，北宋人对于《易》的精髓，也许理解得还要深一些。

在条陈十事时，仲淹提出的现实根据是："我国家革五代之乱，富有四海，垂八十年。纲纪制度，日削月侵，官壅于下，民困于外，夷狄骄盛，寇盗横炽，不可不更张以救之。"① 这种看法，和王尧臣、欧阳修、余靖、蔡襄是相同的。仁宗一朝的有识之士，不满于现状，要求政治上来一个变革，在主要之点上，差不多是一致的。

其所陈十事："一曰明黜陟。为重定文武百官磨勘，将以约滥进，责实效，使天下政事无不举也。二曰抑侥幸。为重定文武百官奏荫，及不得陈乞馆阁职事，将以革滥赏、省冗官也。三曰精贡举。为天下举人，先取履行，次取艺业，将以正教化之本，育卿士之才也。四曰择官长。为举转运使、提点刑狱并州县长吏，将以正纲纪，去疾苦，救生民也。五曰均公田。为天下官吏不廉则曲法，曲法则害民，请更赐均给公田，既使丰足，然后可以责士大夫之廉节，庶天下政平，百姓受赐也。六曰厚农桑。为责诸道沟河并修江南野田及诸路陂塘，仍行劝课之法，将以救水旱，丰稼穑，强国力也。七曰修武备。为四方无事，京师少备，因循过日，天下可忧，请密定规制，相时而行，以卫宗社，以宁邦国也。八曰减徭役。为天下徭役至繁，请依汉光武故事，并合县邑，以省徭役，庶宽民力也。九曰覃恩信。为赦书内宣布恩泽，未尝施行，并请放先朝欠员，以感天下之心也。十曰重命令。为制书忽而行，违者请重其法，以行天

---

① 《长编》卷一四三庆历三年九月丁卯条云："仲淹、弼皆皇恐避席，退而列奏曰：我国家革五代之乱，富有四海，垂八十年。纲纪法度，日削月侵。官壅于下，民困于外。疆场不靖，寇盗横炽，不可不更张以救之。"

子之命也。"①

庆历三年至四年,这十项建议先后由朝廷颁布,付诸实施②。

择官长的建议实行得最先。由二府选用诸路转运使、提点刑狱和大州的知州,由两制(翰林学士起草皇帝诏令称内制,他官加知制诰官衔起草皇帝诏令称外制)、御史台、开封府、诸路监司选用知州、通判,由知州、通判选用知县、县令。仲淹认为县令、郡守是亲民之官,关系生民疾苦,最要选择得当;目前的情况是只问资历,不分贤愚。资历到了,就可以做知州,做知县;懦弱无能的人,不能检察他的下属,使贪赃枉杀之吏,为所欲为;有本事的能干人,也只是求名,不做好事,以至"天下赋税不均,狱讼不平,水旱不得救,'盗贼'不得除",逼得老百姓拿起锄头镰刀,以求生存,这是不足为怪的。他提议朝廷选派能干的转运使、提点刑狱,到各路去,做一番考察,把那些"非才、贪浊、老懦者"一律罢官③。

庆历三年十月丙午,张昷之被任命为河北都转运按察使,王素为淮南,沈邈为京东④。

张昷之是个能吏,"所至有声"。提点淮南路刑狱,把蒙城县(今安徽蒙城)知县王申从监牢里放了出来。亳州(今安徽亳县)知州杨崇勋,祖父、父亲都是军人,为皇帝所信任,恃恩不法,王申得罪了他,便诬王申犯了罪,置之于狱⑤。王素是名相王旦的儿子,仲淹对他很了解。仁宗生子,议进百僚官,他极力反对,以为国家要留爵秩赏有战功的人,要聚金帛以作防守边塞的费用。沈邈

---

① 《范文正公集》附《奏议》上《答手诏条陈十事》,文甚详。《再进前所陈十事》,则甚概括。《长编》卷一四三全段《答手诏条陈十事》,此则据《再进前所陈十事》。

② 并见《长编》卷一四三各条注。

③ 《范文正公集》附《奏议》上《答手诏条陈十事》。

④ 《长编》卷一四四庆历三年十月丙午条。

⑤ 《宋史》卷三〇三《张昷之传》。

做侍御史的时候，便直言极谏，说枢密夏竦交结宦官刘从愿，二人狼狈为奸，一个在外专掌机密，一个在内阴为诡诈，侵夺人主之权。和王素一样，也是反对非功授官，无名进秩的①。

仲淹深信，贤者在位，能者在政，可以医国救民。他检查全国监司的名单，把不称职的转运使、提点刑狱一一勾掉，打算逐一撤换。枢密使富弼不甚同意，对他说："你勾得容易，可被勾去的一家人都要哭了。"仲淹说："一家哭，总比一路哭好啊！"②

宋代官员，有所谓勘磨。文官三年一迁，武官五年一迁，不限内外，不问劳逸，好好坏坏都一样。做事的人，兴利除弊，往往被看作"生事"，阻挠、妒嫉、非笑，即随之而来。一有差错，便被挤陷。不做事，尸位素餐，即使能力极差，人望极次，甚至为人所不齿，照例年限一到，升官进秩，"坐至卿监丞郎"。仲淹对这种勘磨制度，甚为不满。他说，祖宗盛日，文武百官都没有勘磨，有功就赏，不计年资，可以"不次升擢"；没有能力，无所称者，至老不迁。官人以资，必使庸人并进，无功授官，无名进秩。勘磨之制，是只论年资，不问功过的弊制③。

庆历三年十月，在仲淹提议下，皇帝命令中书、枢密院新定勘磨之制④。十一月，对荫补之法也作了修改⑤。

官员子孙以恩荫得官，叫做"任子"，这是古已有之的。任子之制，北宋时发展到了一个高峰。台省官六品以上，其他官五品以上，每三年南郊大礼，都有一次任子的机会。品级最低的，荫子或孙一

---

① 《宋史》卷三〇二《沈邈传》。
② 《五朝名臣言行录》卷七之二。
③ 《范文正公集》附《奏议》上《答手诏条陈十事》。
④ 《续资治通鉴》卷四六庆历三年十月壬戌，《长编》卷一四四载壬戌诏全文。
⑤ 《续资治通鉴》卷四六庆历三年十月丁亥条，《长编》同卷亦载丁亥诏全文。

人;最高的可荫六人。此外,还有致仕恩泽,遗表恩泽,退休或死亡,都可以为子孙求得官职。真宗朝名相王旦死,门客、常从都授了官。王旦的儿子,服丧期满,官位也都有升进①。

在《答手诏条陈十事》中,仲淹已经作了减少一些恩泽的请求。建议正郎以下和监司须在职满二年才得任子。以为不作这些规定,学士以上官员,二十年中,便会出现一门子弟二十几个京官的局面。这些京官复循序为朝官,滥进之风,就不可抑止了。继条陈十事之后,仲淹还写了个报告,专门讨论奏荐子弟亲戚恩泽的问题②。

新的荫补法公布了。侥幸之人,都为自己利益受到侵害而出怨言③。

仲淹对改革弊政,是抓住了要害的。太宗以来,吏治一直为议政者所关心。吏治的核心是州县官得人不得人。举人的标准和方法,秦汉以来就变过几次。唯才是举,曹操赖以统一了中国的北方,恢复了被破坏的生产,树立了混乱后的秩序。打破循资叙迁之法,消除恩荫之滥,使贤者在位,能者在政,仲淹梦寐以求的东西,似乎是已在眼前了。

庆历四年(一○四四年)的春天,曾公亮被命删定审官院、三班院和吏部流内铨的条贯④。这些衙门当时是主管文武官员铨选的。审官院管的是京朝官,三班院管的是武官,流内铨管的是幕职州县官⑤。曾公亮是个能吏,作知县、知州时都有政声,为郑州知州,至夜户不闭。熙宁时,位至宰臣,和王安石合作,安石也极力推

---

① 《两宋史论》一○二页。
② 《范文正公集》附《奏议》上《答手诏条陈十事》;又有《奏重定臣僚奏荐子弟亲戚恩泽事》,对奏荐子弟亲戚恩泽更作了具体规定。
③ 《范文正公集》附《褒贤集》欧阳修撰《褒贤之碑》云:"……而磨勘任子之法,侥幸之人皆不便,因相与腾口。"
④ 《长编》卷一四六庆历四年三月丁巳条。
⑤ 《宋史》卷一六三《职官》三。

荐他①。

对于文武官员的考查、任用，八十几年有过几次变化，条例又多又乱。主持这些部门的官员弄不清楚，一般人更弄不清楚。主管人员高下任情，极不公允。仲淹决心整顿，为此专门写了奏疏，请求朝廷从速派得力的人，就这三个衙门前后发布的条例，和这些部门的主管官员共同研究，重行删定，报请皇帝划一施行②。

茶盐专卖，仲淹很不赞成，以为这些山海之利，本来是养万民的。近古以来，官与民争利。朝廷禁止私人贩运盐茶，一被查获，不是徒、流，便是绞、配，犯罪的人，每年成千上万。国家专卖这些东西，管理运输，所费人力、财力，已极可观，还要扰民。他请求：“诏天下茶盐之法，尽使行商。以去苛刻之刑，以息运置之劳，以取长久之利。"③

我国学校很早就有了，《孟子》说，夏代称为校，殷代称为庠，周代称为序。当然，这不是很可靠的。秦汉以后，首都所在有太学，东汉盛时太学生三万余。西晋以来，有国子学，是为士族子弟设立的最高学府。

设立学校，目的是培养人才。任用有能力的人，是范仲淹参国政以来摆在第一位的工作。培养人才，也就在庆历四年的春天提出来了④。十七年前，晏殊在应天府兴学，仲淹受聘为教授。后来他知苏州，奏请立郡学，请来了胡瑗；当年回京，主持国子监。国子监是宋代最高学府，招收七品以上官员子弟入学读书。谪居饶州、润州、越州，仲淹也非常重视办学，李觏就是他邀请到越州去讲

---

① 《宋史》卷三一二《曾公亮传》。
② 《范文正公集》附《奏议》上《奏乞重定三班审官院流内铨条贯》。
③ 《范文正公集·奏灾异后合行四事》，《长编》系此于庆历四年七月丙戌，其下注云："茶盐通商，迄未施行。"
④ 《长编》卷一四七庆历四年三月甲戌条云："范仲淹等意欲复古劝学，教言兴学校，本行实，诏近臣议。"

学的。

地方学校,北宋以来有一些发展,但还没有受到重视。仲淹以为,国家之患,没有比人才缺乏还要大的;而培养人才则在于学校。在《邠州建学记》中,他认为人和物,古今相同;当今的人才并不下于古,其所以感到缺乏,是由于"教有所未格,器有所未就",注意了兴学,人才就出来了①。

由于仲淹屡次建议兴学,朝廷特别组织了一次讨论,参加的都是近侍之臣,宋祁、王拱辰、张方平、欧阳修都在内。宋祁、欧阳修是学者、历史学家,是仲淹政治改革的赞成派。王拱辰、张方平这时在政治上和仲淹已有龃龉了。

讨论的结果,一致支持仲淹兴学的意见。宋祁代表这些人在写给皇帝的报告中说:"教不本于学校,士不察于乡里,则不能覆名实。有司束以声病,学者专于记诵,则不足尽人才。谨参考众说,择其便于今者,莫若使士皆土著而教之学于校,然后州县察其履行,学者皆自修饬矣。"②

不久,朝廷即明令州县立学。诏书中强调儒者应当"通天地人之理,明古今治乱之原",对过去学者受到声病、章句约束,使有志之士无以自奋的情况表示惋惜。诏书还说,"士有纯明朴茂之美,而无教学养成之法",和那些不肖之徒并进,是不行的③。

用皇帝名义发布的兴学诏书,内容、措词和宋祁代表这些侍从之臣写的报告完全相同。

朝廷规定,地方办学,可以在所属官员中选用教授,不足之数,可"由乡里宿学有道业"的人充当。学生在学三百天,才能参与秋试。曾经参加过考试的,学习时间可以减少一百天。考试三场,第

---

① 《范文正公集》卷七《邠州建学记》。
② 《长编》卷一四七庆历四年三月甲戌条云:"范仲淹等意欲复古劝学,教言兴学校,本行实,诏近臣议。"
③ 《长编》卷一四七庆历四年三月乙亥诏。

一、二场考策论,第三场考诗赋。过去以记诵为主的贴经墨义(以纸贴盖经文。使学生背诵,叫贴经。背诵经文的注疏,叫墨义)取消了①。

诏书公布后,地方办学热情很高,州学、县学差不多都办起来了,虽然新定的考试之法一年后便被罢去②。

庆历四年,仲淹五十六岁。任天下事,他深深感到得人才难。兴学是为了育才。过去选拔人才,只重词章和记诵之学,经验证明是不行的;这样选拔出来的人,已经不能适应救弊除患的需要了。

答手诏所上十事,第八事为减徭役。以河南府(今河南洛阳东)为例,仲淹对比了唐会昌中和当日户口。会昌时河南府有户十九万四千七百余,置县二十。今河南主户、客户共七万五千九百余,所置县十九。巩县(今河南巩县东)七百户,偃师(今河南偃师)一千一百户,每县三等可以服役的不过一百家,供役人不下二百,不是鳏寡孤独,便不能无役。这个地方百姓最为贫困。仲淹提出并省十九县为十县,所废的县改为镇③。

仲淹还建议辅臣兼判六部和太常、大理寺、群牧、殿前马步军司的事。他举历史事实为证,说周三公兼六官(天官、地官、春官、夏官、秋官、冬官)之职,汉三公分部六卿之事,唐宰相分判六曹。还详细列举了太宗、中宗、代宗、德宗、文宗、武宗时宰相的兼职④。在再奏中,又说太祖开宝时薛居正、沈义伦也曾兼领过发运

---

① 《长编》卷一四七庆历四年三月乙亥诏。范仲淹条陈十事之三为精贡举,文意与此同。
② 《续资治通鉴》卷四七庆历五年三月丙子条云:"范仲淹既去,执政以新定科举入学预试为不便,且言诗赋声病易考,而策论汗漫难知,祖宗以来,莫之有改。得人常多。帝下其议,有司请如旧法。乃诏曰:科举旧条,皆先朝所定,宜一切如故。前所更令,宜罢之。"
③ 《范文正公集》附《奏议》上《答手诏条陈十事》之八。
④ 《范文正公集·奏乞两府兼判》、《进呈周朝三公六卿汉朝宰相兼判事》。

使的工作。他以为现在中书、枢密院既不像三公那样肩负着论道之重任，又不如六卿那般有佐王的职责，只是按照资历任用官吏，决定他们的升迁，检用条贯议赏论罚，不合乎为治之道。他毛遂自荐领兵赋，说："如于事无补，请先降黜。"①

皇帝对于他的请求、建议，一律付诸实施。庆历四年五月己丑，诏令省河南府属县颍阳、寿安、偃师、缑氏、河清五县为镇②。八月辛卯，命范仲淹兼领刑法；另一位参知政事贾昌朝领天下农田③。

他在这方面的建议，当时宰相章得象明白表示不赞成。得象度量大，当日甚有名。范仲淹、韩琦、富弼进用，经划当世急务，只有他没有什么建议，也少有可否④。

仲淹提出的改革措施，已经妨碍了满朝公卿的利益。章得象对二府兼领要务的明白反对，只不过是这些人的不满在政府内部的反映⑤。

---

① 《范文正公集·再奏乞两府兼判》、《长编》卷一五一庆历四年八月辛卯条。

② 《长编》卷一四七庆历四年五月己丑条。

③ 《范文正公集·再奏乞两府兼判》、《长编》卷一五一庆历四年八月辛卯条。

④ 仲淹建议两府兼判事，章得象等不赞成。《长编》卷一五一命参知政事贾昌朝领天下农田、范仲淹领刑法条云："章得象等皆以为不可。久之，乃降是命，然卒不果行。"《宋史》卷三一一《章得象传》。

⑤ 《长编》卷一五〇庆历四年六月壬子条云："仲淹……以天下为己任，遂与富弼日夜谋虑，兴致太平。然规摹阔大，论者以为难行。及按察使多所举动，人心不自安；任子恩薄，磨勘法密，侥幸者不便，于是谤毁浸盛，而朋党之论滋不可解。"

一九、辩诬

仲淹、韩琦内调之后，陕西四路马步军都部署、经略安抚招讨使由郑戬担任，仍驻扎泾州①。郑戬不讲情面，为政尚严，那时正知永兴军。他和仲淹是连襟，妻李昌龄的女儿，私人关系也不错②。抗击西夏立过功的滕宗谅仍旧知庆州，张亢知渭州，文彦博知秦州，庞籍也依旧留在延安。

滕宗谅久任西事，是一位出色的边才。仲淹在泰州时就对他临事不惧的镇静很了解，二人的交谊是很深的。张亢在西夏向陕西进兵时，曾经担任过渭州、鄜州（今陕西富县）、延州的守备。上书发表对边事的意见，提出军政措置不当的凡十条，反对引兵深入，主张联合诸少数族，修筑沿边城砦，轮番出击西夏，使夏人不得种地、放牧。仲淹对他非常器重，待之以国士之礼③。

仲淹到京不久，郑戬揭发滕宗谅在泾州滥用公使钱，监察御史梁坚对宗谅进行弹劾。同样，张亢在公使钱的使用上也遭到非议④。

公使钱是宋代一种特有的官给，中央和地方都有。小部分可以"私入"，大部分是不能的。这种官给可以用于修建、接待、犒赏，都作了详细规定。边境上的州郡，利用这笔钱做买卖，获利以充军

---

① 《长编》卷一四〇庆历三年四月甲辰条。
② 《宋史》卷二九二《郑戬传》。《能改斋漫录》卷一八《李氏之门女多贵》云："李参政昌龄家，女多得贵婿。参政范公仲淹，枢副郑公戬，皆自小官布衣选配为连袂。"
③ 《宋史》卷三二四《张亢传》，《安阳集》卷四七《张亢墓志》。
④ 《长编》卷一四三庆历三年九月丁亥条、戊子条。

实,是被允许的。

宗谅受到弹劾,仲淹在皇帝面前为他辩护,说葛怀敏军败之后,沿边郡县,十分惊扰。夏兵打到渭州,距泾州才一百二十里,宗谅十分沉着,动员农民,共同守城。从环庆路来的援兵,一万五千,他供粮供柴供酒食,一无所缺。人人说他能干,有功。梁坚弹劾他,说他在泾州以低价向民户买牛买驴,犒设军士。当时敌情严重,形势紧急,即使是这样,收买牛驴,价钱低些,也情有可恕①。

人们还攻击宗谅在邠州办席奏乐,大享将士。说乐人子弟得到银楪子二三十片,士卒不满意,骂娘。仲淹说,得到银楪子的,有乐人,也有赛箭中的的军人,说只有乐人得到银楪子不是事实。韩琦和我到邠州,摆了一天席,一切都要由我们负责,说有罪,罪也不在滕宗谅。边上摆酒设筵的事常常有,值班军人轮流服役,也决不会不满意,骂娘②。

宗谅被弹劾的最为严重的问题,是到庆州之后一次用了十六万贯。后来查明,只是馈劳羌族首领用了三千,所谓十六万,是诸军的月给。攻击宗谅的人说,枉费公用钱,馈送超过了制度还是不对的。仲淹说:"我在庆州,借随军库钱做买卖,得利二万多贯,除归还官本,其他都'充随军公用支使'了③。"宗谅和他没有什么不同。

张亢用公使钱做买卖,以所得利息买马,也受到弹劾。仲淹认为这样做,一点不犯法,不违背国家规定。规定是明明白白的,只要"不入己",什么罪也没有。仲淹说他和韩琦,无论是在庆州或泾州,都用过公使钱补助贫困的在职人员,并一一列举了当日受到补助的人的姓名、官职。强调指出,在法律面前,贵贱亲疏不当有轻重。假如张亢要受到处罚,他和韩琦也应当受到处罚④。

---

① ② ③ 《范文正公集》附《奏议》下《奏雪滕宗谅张亢》。
④ 《范文正公集》附《奏议》下《再奏雪张亢》。

因为侵用公使钱要办罪的还有葛宗古、狄青，种世衡也受到牵连。葛宗古是延州西路都巡检使，作战勇敢，弓马精强，在鄜延路最为骁勇。仲淹推荐边上得力将佐名单中，他列为二等第四名，被认为是个难得的边才①。

爱惜边才，在陕西或在汴京，仲淹是一样的。

欧阳修时知谏院，上书皇帝，以为滕宗谅枉费公用钱这个案子，牵连太广，监牢里关满了人，抱怨的人很多。他请求皇帝告谕边臣不要这样做下去，建议今后用钱，只要不入己，就给守边官员以全权，叫他们不要畏避，一心一意地效命立功，更不可把狄青、种世衡这样难得的边将牵连进去②。

仲淹为滕宗谅、张亢辩护的奏疏，一上再上，是因为边上迄今还没有立过大功有威信的将帅。他说，现今边帅都是儒臣，朝廷用他们带兵，给经略部署之名，授生杀予夺之权，抗击强敌。因为一点小错误，被拘留办罪，人们必以为这些人不是朝廷的心腹，不足畏。这样，朝廷的损失甚重，就等于自失机事，自去爪牙了。这些人用过公使钱，只不过是馈送来往官员，或以公使钱做买卖，也都如数还本，毫无欺诈、隐瞒。别的罪状，现在也还没有调查核实，那些被牵连的人，却在"盛寒之月，久在禁系"之中，这是很不合理的③。

在为这二人辩护时，仲淹也有一些愤慨。他说，在边塞工作的人，假如知道朝廷深文周纳到这种程度，那就必以为对将帅刻薄少恩，专门在支用公使钱上做文章，吹毛求疵，倾陷边臣了。谁知道塞上诸郡，尽日风沙，"触目愁人"，在那里当官，绝不如别的地方，可以"优游安稳，坐享荣禄"。他恳求身居九重的皇帝，能体察这一

---

① 《范文正公集·奏葛宗古》。
② 《长编》卷一四四庆历三年十月甲子条。
③ 《范文正公集》附《奏议》下《再奏辩滕宗谅张亢》。

情况,不要"使狱吏有功,而劳臣抱怨"①。

当这一切发生的时候,正是皇帝开天章阁,仲淹被召对,"赐坐,给纸笔",条奏当世之务的前后。

冰冻三尺,非一日之寒。尽管仲淹这样为宗谅辩诬,宗谅终于在三年九月由知庆州徙权凤翔府(今陕西凤翔),四个月后又降知虢州(今河南灵宝)。还有人认为处罚太轻,于是又贬向南方,谪守巴陵(即岳州,今湖南岳阳)②。宗谅重修岳阳楼,仲淹为之作记,文中以"不以物喜,不以己悲"为他宽解,激励他先忧后乐的高节。

张亢也被撤去引进使官衔。仲淹宣抚河东,才报请皇帝恢复了这一官衔③。

仲淹一心一意为国家爱惜边才,却有人为了争权位而把这一点看得轻于鸿毛。

郑戬主持边政,赞成静边砦主刘沪修筑水洛城,以通秦、渭援兵的计划。水洛城(今甘肃庄浪)在秦州(今甘肃天水)、渭州之间,它北面即结公城,是少数族聚居之处。筑城时,郑戬还派董士廉去协助。城未成,郑戬罢四路。知渭州尹洙不赞成更筑新城,以为过去屡为西夏所败,就是因为城砦太多,兵力分散,命令刘沪停止修筑。刘沪不听命令,加紧筑城。尹洙大怒,命狄青把刘沪、董

---

① 《范文正公集》奏云:"边上臣僚见此深文,谓朝廷待将帅少恩,于支公用钱内搜求罪戾,欲陷边臣。且塞下州郡,风沙甚恶,触目愁人,非公用丰浓,何以度日!岂同他处臣僚,优游安稳,坐享荣禄。"

② 《长编》卷一四六庆历四年正月辛丑,王拱辰、李京均言对滕宗谅、张亢处罚太轻,遂有戊申徙滕宗谅于岳州之命。《长编》云:"……然终赖仲淹之力,不夺职也。"

③ 《安阳集》卷四七《张亢墓志》。

士廉都逮捕了①。

尹洙是仲淹的好友，曾自认为是仲淹之党，与仲淹是谊兼师友的。对于刘沪修水洛城被拘，仲淹却不以为然。他在给皇帝的报告中，首先说明水洛城的修筑不是"擅兴"。后来命令停止而不止，是因为刘沪在水洛、结公这一带地方打过胜仗，降服了那儿的蕃部，又已动手筑城，不能半途而废。见责经划不当，因之"以死抗拒，一面修筑，意望成功，亦求免罪"，决没有什么别的意思②。

他还说，刘沪是边上有名将佐，最有战功，朝廷要爱惜，不能轻易抛弃。狄青是个武夫，拘留了刘沪、董士廉，一发怒，行了军法，那就无可挽回。请求朝廷立即派三司副使鱼周询去查问，妥善处理，一则使刘沪、董士廉免于刑戮，二则避免狄青、尹洙犯大错误，使被诛杀的家人骨肉"称宽致讼"③。

修筑水洛城，韩琦原来就认为工程太大，不易成功，和仲淹、郑戬意见不同。鱼周询从陕西回来，以为应当继续筑城，尹洙被调离渭州，改知庆州④。

从庆历三年九月至四年三月，这位为"士望所属"，慨然以天下为己任的人，正感激皇帝的知遇，和富弼日夜谋议，改革弊政，兴致太平。谁也想不到，就在这时候，他已经陷在毁谤中了⑤。

四年四月，仁宗和执政议论朋党，说："从古以来，只有小人结

---

① 《长编》卷一四七庆历四年三月甲戌条。《宋史》卷三二四《刘沪传》云："西南去略阳二百里，中有城曰水洛，川平土沃。"《长编》卷一四四庆历三年十月甲子条云："水洛城……西占陇坻，通秦州往来道路。陇之二水，环城西流，绕带河渭。田肥沃，广数百里。"

②③ 《范文正公集》附《奏议》下《奏为刘沪董士廉修水洛城乞委鱼周询等勘鞫》。

④ 见《长编》卷一四八孙甫、余靖、欧阳修等人言论。此卷丙辰条欧阳修更建议移尹洙于他州，其后遂"徙知庆州孙沔知渭州，尹洙知庆州"。

⑤ 参见《儒林公议》，《宋史》卷三一四《范仲淹传》。

成朋党,难道君子也有朋党么!"仲淹说:"在边境上,勇敢的人,不怕战争,结成党;胆怯的怕战争,也结成党。朝廷有邪有正,正人结成党,做好事,对国家有什么不好呢。"①

历史似乎在重演。多年以前,仲淹被贬逐去饶州,朋党就是一把刀子。欧阳修、尹洙、余靖被目为党人。欧阳修写了一篇《朋党论》,说君子以同道为朋,小人以同利为朋。但真正能为朋的只有君子,因为君子守道义,惜名节,行忠信;小人则唯利是图,利尽交疏,甚至反相贼害,是不可能真正为朋为党的。

夏竦贪图高位,陕西统帅职务被解除,曾被任命为枢密使。当时宰相吕夷简,本来反对他,不肯和他共事,在快要退休的时候,为了消除旧怨,才向皇帝推荐他的。枢密使之命已下,人们说他在陕西畏懦不尽力,不能当此重任,便改命知亳州②。竦到亳州,上书自辩,凡万余言。孙抃在他自辩书上为皇帝作了批语,说:"图功效莫若罄忠勤,弭谤言莫若修实行。"夏竦又恼怒,又怨恨③。吕夷简下了台,章得象、晏殊担任宰相,杜衍为枢密使。仲淹参知政事,富弼为枢密副使。知谏院蔡襄对皇帝说:"陛下不用夏竦,用范仲淹,用韩琦,士大夫相贺,庶民相庆,饮酒欢呼,情况热烈。这难道是一个人的进退,对国家能起这么大的作用?当然不是。这是由于邪正分得很清楚,邪的退了,和它同类的也要退;正的进了,和它同类的也要进。进的都贤,退的都不贤,天下就安宁了。"④

夏竦在亳州等待时机。他当然不甘心失败,朋党这把刀子,又重新被磨起来了。杜衍、仲淹成为攻击目标。夏竦和宦官蓝元震勾结,元震在仁宗耳朵边吹,说过去被谪逐的范仲淹、欧阳修、尹洙、余靖都回来了,蔡襄把他们捧为"四贤",也成了他们的同党。这帮

---

① 《长编》卷一四八庆历四年四月戊戌条。
② 《长编》卷一四〇庆历三年四月乙巳条。
③ 《长编》卷一四二庆历三年七月己巳条。
④ 《宋史》卷三二〇《蔡襄传》。

人把国家的爵禄看成私惠，互相勾结，不要三两年，就将掌握国家的要害部门，"误朝迷国"，叫谁也不敢开口①。

四年十一月，杜衍女婿苏舜钦，受到除名勒停处分②。舜钦由于仲淹的推荐，三月由山阳（今江苏淮安）至京，授集贤校理，监进奏院③。进奏院把朝廷颁发的命令和其他文书转给诸路，摘录诸路报告送朝廷主管部门以及分送地方来的文件至有关机关④。舜钦监院时，一如惯例举行赛神会，卖折封废纸所得宴客，叫了女伎来劝酒。有一位叫李定的太子中书舍人要求参加，遭到拒绝。反对仲淹和杜衍的人便以此为借口，由御史王拱辰指使他的属官提出弹劾。皇帝把这件事交给开封府劾治，还连夜派宦官把参加宴会的人拘捕，造成一个牵连颇广的大狱⑤。

参加这次宴会的有十二人被处分。王益柔、章岷是仲淹推荐的。他们说益柔作傲歌，罪当死。韩琦说："益柔狂语，何足深校！现在西方还在用兵，天下大事不少，不听见他们对大事发表意见，揪住一个小小的王益柔，用意何在？"当时宰相章得象不置可否，晏殊也不表示意见⑥。

王益柔、章岷都撤销馆职，益柔监复州（今湖北天门）税，岷通判江州（今江西九江）。

王洙是个学者，仲淹早就认识，后在邓州还推荐他可以"仪表

---

① 《续资治通鉴》卷四六庆历四年四月戊条云："……至使内侍蓝元震上疏，言：'范仲淹、欧阳修、尹洙、余靖，前日蔡襄谓之四贤。斥去未几，复还京师。四人得时，遂引蔡襄以为同列。以国家爵禄为私惠，胶固朋党，递相提挈，不过三二年，布满要路，则误朝迷国，谁敢有言。'"

②⑤⑥ 《续资治通鉴》卷四七庆历四年十一月甲子条。

③ 《苏舜钦集》卷一〇《上范公参政书》云："去年天子又采天下之议，召阁下入政府，天下之人踊跃咏歌，……未及半年，时某已还台。"沈文倬先生据此，以"舜钦于范仲淹入政府后半年来京师"，并谓："知舜钦为集贤校理在二三月之间"（《苏舜钦集》附《年谱》）。

④ 《宋史》卷一六一《职官》一。

台阁",应当召回京城。这回撤销馆职出知濠州(今安徽凤阳东北)①。

进奏院事件发生的时候,仲淹正宣抚河东。王拱辰得意忘形,说:"这下给我一网打尽了。"②

---

① 《范文正公集》卷一九《乞召还王洙及就迁职任事札子》。
② 《续资治通鉴》卷四七庆历四年十一月甲子条。

二〇、宣抚河东

"山雨欲来风满楼"。京城所发生的一切,仲淹感到正在酝酿又一次对他的诽谤和斥逐。他派出去的转运按察使,对地方长吏的检查与弹劾,已使人们议论纷纷。有人说他们太苛刻,束缚了官吏手脚,使人不得尽其材①。还有人说京东沈邈手下有"四狼",派往江南的转运按察使是"三虎"②,这样来乱视听,惑人心。

那些期待皇帝恩赏,计算年资已足,盼望照例升迁或得一官半职的人,也由于磨勘和任子之制的某些改变,心存怨望。至于那些已经失去官位的臣僚,就更在那里切齿,窥伺时机,重新获得已失去的权势③。

西夏与宋议和,迁延了很长的日子。庆历四年五月,夏始称臣。前一个月,夏国派使者来贺仁宗生日乾元节④。宋和夏国缔结和约,契丹是出过力的。它不愿意在国境的西边有一个过于强大的力量⑤。就在这一年,契丹和夏国发生战争。契丹国主亲自率领十万大军西

---

① 《长编》卷一五一庆历四年八月乙卯条。
② 《宋朝事实类苑》卷二七。《东轩笔录》"四狼"作"四伥",非是。
③ 《续资治通鉴》卷四六庆历四年四月戊戌条:"吕夷简罢相,夏竦授枢密使,复夺之,代以杜衍,同时进用富弼、韩琦、范仲淹在二府,欧阳修等为谏官,……竦衔之,……因与其党造为党论,目衍、仲淹及修为党人。"
④ 《宋史》卷一一二:"仁宗以四月十四日为乾元节,正月八日皇太后为长宁节。"
⑤ 《辽史》卷一九重熙十二年(一〇四三年):"春正月辛未,遣同知析津府事耶律敌烈、枢密院都承旨王维吉谕夏国与宋和。"《辽史》卷一九重熙十三年:"以皇太弟重元,北院枢密使韩国王萧惠将先锋兵西征。"

征,驻兵云州(今山西大同)、朔州(今山西朔县),并遣使至宋要求与西夏断绝往来①。

仲淹对于契丹西征,疑虑重重。他担心契丹出兵的目的在中国,在给皇帝的奏折中,他说:"假如契丹、西夏都不守盟信,乘我无备,以数十万之众,发起突然袭击,河东路兵马不多,名将极少,众寡不敌,真叫人担心。契丹长于攻城,这回携带的武器像床子弩以及炮手,都是攻城用的。契丹和西夏的边界,一片荒漠,无城可攻。入我国境,床子弩和炮手,就可发挥威力。集中力量攻下三两座城,其他城堡就要乘风而下。即使契丹这回不这样做,也不过是先让我们相信它,以便下回重来,打一场使我们措手不及的战争。"②

这时,朝廷已决定仲淹以参知政事宣抚陕西、河东。仲淹要求增派几万兵以备河东。

韩琦不同意仲淹的意见。在皇帝面前,进行争论。退朝之后,仲淹仍以为非增兵不可。韩琦说:"真是这样,我就请求去,不要朝廷派一人一骑。"仲淹听了,怒形于色,说还要请求和皇帝面议,把韩琦的话告诉皇帝③。

杜衍也不赞成仲淹的意见,说:"契丹、西夏已经打起来了,契丹不会来打我们,决不可轻举妄动。"④

富弼也认为契丹这回决不会和西夏联合,契丹得到了宋增加的岁币,和西夏矛盾加深了;而且朵儿族屡次杀威塞役兵,契丹以为是西夏教唆的,所以增加河东守兵,殊为失计⑤。

---

① 《范文正公集》附《奏议》下《奏为契丹请绝元昊进贡利害》,《西夏史稿》九五页。
② 《范文正公集》附《奏议》下《奏乞宣谕大臣定河东捍御策》。
③ 《韩魏公集》卷一三《家传》。
④ 《宋史》卷三一〇《杜衍传》。
⑤ 《宋史》卷三一三《富弼传》,《西夏史稿》九五、一〇一页。

杜衍是仲淹的前辈，素为仲淹所敬重。韩琦、富弼是仲淹在政治上的支持者。朝廷没有增加河东一兵一卒，仲淹去了河东。

在此之前，仲淹、韩琦按照皇帝的要求提了陕西在军事上要做的八件事，河北要做的五件事。他们认为在陕西还要修筑边上的城、砦，用土兵防守，把那些不能作战的加以淘汰，从事农耕。抽调一些禁兵到次边州郡驻泊、就粮。为弓箭手筑堡，一堡两指挥①。指挥是北宋军事编制单位，一指挥大约五百人。弓箭手是招募来的乡兵，租佃官田，"人给二顷，有马者加五十亩"。这时，弓箭手有三万多，编成一百九十二指挥②。

对于河北的军事措施，他们提出来的主要是任用有能力的人领河北转运使，密令他计划边境防御工作。挑选懂得军事的知州、知县，训练乡勇。选择可以屯兵的地方，从陕抽调有经验的军官担任训练工作③。

对于西、北边事，仲淹是洞明而练达的。这时，他已经请求罢去参知政事，出镇西方，以为自己久居边塞，了解边地情况。打算在宦海风波中，扬帆远去④。

更加可怕的造谣中伤流布广泛，说石介已经为富弼起草了废立的诏书。富弼也不得安心在朝廷任职，继仲淹之后，在这一年的八月，以枢密副使宣抚河北⑤。

吕夷简退休之后，住在儿子公绰的郑州官舍。仲淹出京过郑州，去拜访夷简，欣然相语终日。夷简问他为什么这么急急忙忙离开朝

---

① 《范文正公集》附《奏议》下《奏陕西河北画一利害事》。
② 《宋朝兵制初探》七四至七五页。
③ 《范文正公集》附《奏议》下《奏陕西河北画一利害事》。
④ 《范文正公集》附《奏议》下《奏乞罢参知政事知边郡》。
⑤ 《续资治通鉴》卷四六："先是石介奏记于弼，责以行伊、周之事，夏竦欲因是倾弼等，乃使女奴阴习介书，久之，习成，遂改伊、周曰伊、霍，而伪作介为弼撰写废立诏革，飞语上闻。"《宋史》卷三一三《富弼传》则反云："夏竦不得志，中弼以飞语。弼惧，求宣抚河北。"

廷，仲淹说："要处理西方的边事。"夷简说："处理边事，还是在朝廷方便。"① 仲淹和夷简之间，还有点隔阂，还不能对他尽吐心曲。但在中书任职，已经知道过去所不能知道的艰苦；对夷简的认识和感情，也就远非昔比。

这年的秋天，夷简病逝郑州，仲淹祭之以文，说："富贵之位，进退维艰。君臣之际，始终尤难。"又说："保辅两宫，讦谋二纪，云龙协心，股肱同体。"对吕夷简身居大位，周旋于仁宗母子之间，是从心里敬佩的。祭文的最后，却抒发了一个以天下为己任的政治家的凄哀：

> 得公遗书，适在边土，
> 就哭不逮，追想无穷，
> 心存目断，千里悲风。②

河东之行，仲淹走遍了西北角和西夏、辽国为界的州县。在保德军（今山西保德）一个旅店里，他曾发现过一卷佛书《因果识见颂》，到了府州（今陕西府谷），他还要承天寺的僧人录了个副本藏在寺中。过了四年，他便为这本少见的佛书写了序③。府州的南面是麟州（今陕西神木北）。麟、府二州，山川回环五六百里，东面是黄河，汉族和少数族人过去都在这里耕种④。五代晋汉以来，这个地方即为云中大族折氏所据。北宋建立，折氏臣服，其子孙世世代代领州事。宋夏战争中，元昊兵攻打过麟州和府州，围攻州城不得手，颇有损伤。这在当时被称为河外的地方，只有西北角上的丰州被攻陷。有人认为这是块无用的土地，主张放弃。仲淹提出修筑城

---

① 此据《龙川别志》卷上。《东轩笔录》卷四略同。
② 《范文正公集》卷一〇《祭吕相公文》。
③ 《范文正公集·别集》四《十六罗汉因果识见颂序》。
④ 《长编》卷一五二庆历四年十月壬子条。

寨、招抚流亡的计划。推荐张继勋知麟州。允许这个地方的老百姓酿酒、卖酒，废除专卖，鼓励流亡的人归回①。

这时，张亢已由并代副都总管调知代州（今山西代县），并安抚河东沿边。他曾驰援过被围困的麟州，增筑堡砦，打通了府州和麟州的通路。范仲淹极力支持他，"蕃、汉归者数千户，岁减戍兵万人，河外遂为并、汾屏蔽。"②

仲淹安抚河东，走了不少地方，代州、忻州（今山西忻县）也到过。和他一同出行的，是张亢的侄儿张焘。还是在苏州的时候，仲淹就十分器重张焘，说他"强记及敏力，一一精如神"③。仲淹安抚河东时，走到汾州（今山西汾阳），老百姓几百人拦路告状，派张焘出面处理。焘正和客人在下棋，一盘棋还没有下完，便把事情妥善地解决了④。

焘父奎以及叔父亢，都在陕西工作过。他随仲淹出行忻、代，常常说到江南的山水。仲淹有一首七言绝句，说：

> 数年风土塞门行，说着江山意暂清。
> 求取罢兵南国去，满楼苍翠是平生。⑤

代州北面即辽境，这位心忧天下的志士，却不禁在地分胡汉之处，发出了对江南的思慕。

忻州西去，便是宪州（今山西静乐），宪城西北即岢岚军（今

---

① 《宋史》卷二五三，富弼《范公墓志铭》（见《范文正公集·褒贤集》）。
② 《宋史》卷三二四《张亢传》。
③ 《范文正公集》卷二《送河东提刑张太博》："忆守姑苏日，见君已惊人。翩翩幕中画，落落席上珍。强记及敏力，一一精如神。"太博是太常博士的简称。
④ 《宋史》卷三三三《张焘传》。
⑤ 《范文正公集》卷四《与张太博行忻代间因话江山作》。

133

山西岢岚)。宪州、岢岚，城小而低，仲淹在这里视察，收到庞籍从延安寄来的柳湖诗以及寄岳阳滕同年的诗①。滕同年即滕宗谅，他与庞籍都是和仲淹同一年进士及第的。仲淹对延安是有情的，和诗云：

> 江景来秦塞，风情属庾楼。
> ……
> 秀发千丝堕，光摇匹练柔。
> 双双翔乳燕，两两睡驯鸥。
> 折翠赠归客，吟度玉关秋。

在和庞籍寄岳阳的诗中，他深情地希望宗谅优游江郡，极道湖乡之美：

> 几处云藏寺，千家月在船。
> 疏鸿秋浦外，长笛晚楼前。
> 旋拨醅头酒，新煮缩项鳊。

以为在风物优美的地方，应当宦情淡薄，诗意连绵，在这多事之秋，得以偷安，未始不是好事。两年后，他为宗谅作《岳阳楼记》，说："不以物喜，不以己悲。"思想境界，又远远超越此时。虽然，当他说到自己的时候，是："岂信忧边处，胡兵隔一川！"②

郑戬这时候在并州（今山西太原），是从陕西四路都总管调来的。仲淹与戬是旧知，戬夫人和仲淹已故夫人是姊妹③。在防御西

---

① 《范文正公集·和延安庞龙图寄岳阳滕同年》诗自注云："时宣抚岢岚军。"又《尺牍》中《与韩魏公》。
② 《范文正公集·和延安庞龙图寄岳阳滕同年》。
③ 《能改斋漫录》卷一八《李氏之门女多贵》。

夏措施上,他二人意见相同。麟、府间有一大片土地叫草城川,久废耕作。戬募土人为弓箭手,在那儿垦辟,计口给田。又在沿边增筑城堡①。这都是仲淹在陕西行之有效的。戬在太原有《秋晚书事》诗,仲淹有和诗,说:

> 太原兵重压强胡,莫对秋风忆鲙鲈。
> 万里天声扬紫塞,十年人望在黄枢。
> 定应松柏心无改,自信云龙道不孤。
> 应笑病夫何所补,独能安坐养桑榆。②

郑戬家在江南,强胡压境,不能像张翰那样因秋风起而思归。松柏之心不改,烈士之志不孤,仲淹向戬表示:以边事自任之心,他们是始终如一的。

秋尽冬来。那一位作《庆历圣德诗》的石介出为濮州通判,富弼也去了河北。仲淹请求罢参知政事,专任陕西一郡,带沿边安抚使之名③。报告上去了两个月,才被批准。

---

① 《宋史》卷三九二《郑戬传》。
② 《范文正公集》卷四《和并州大资政郑侍郎秋晚书事》。
③ 《范文正公集》卷一九《陈乞邓州状》。

二一、"退者道之止"

> 我亦宠辱流,所幸无愠喜。
> 进者道之行,退者道之止。①

这是仲淹访问了一位住在山间的隐士魏疎之后,直抒胸臆的诗句。十一年前,他在睦州作《严先生祠堂记》,极其称赞严子陵,说他的行为,可使贪夫廉,懦夫立,有大功于名教。更早一些时,仲淹对林逋更表示了倾慕,"风俗因君厚,文章到老醇"②。林逋是个大隐士,当世名臣和他有交游的不少③。"无愠喜"也是当日士人崇高灵魂的表现。

被命为邠州兼陕西四路缘边安抚使是在庆历五年正月公布的。仲淹在谢表中说:

> 臣涉道尚浅,立身本孤。偶缘英主之知,获侧迹臣之列。进登二府(指中书、枢密院),参预万几。议刑赏则不避上疑,革侥幸则多招众怨。心虽无愧,迹已难安。④

一点不隐讳真情,却也没有一点儿埋怨。

---

① 《范文正公集》卷二《访陕郊魏疎处士》。
② 《范文正公集》卷三《寄赠林逋处士》。
③ 《青箱琐记》卷六。
④ 《范文正公集》卷一六《谢授知邠州表》。

青年时便为仲淹所激赏的富弼,这时,也出为郓州(今山东东平),兼京东西路安抚使。由他们两人开始的所谓庆历新政也就从此结束。尽管他两人"不以毁誉累其心,不以宠辱更其守"①,但朝廷中的正论,首先从韩琦那里开始了。

苏舜钦、王益柔受到不应受的惩罚,韩琦已经说过话了。对于国家大事,韩琦总是想到什么说什么。他的工作在枢密院,但中书的事,他也直说。有人欢喜说他坏话,但皇帝了解他,说:"韩琦性直。"②

这一次,韩琦更不能沉默了。他上书皇帝,说范仲淹因为西夏才表示臣服,请求去边上察看动静,朝廷派往陕西,还说得过去。至于富弼,过去出使契丹,摆事实,说道理,和契丹力争,置生死于度外。去年契丹对西夏用兵,朝廷不知道是真是假,把他派到河北去,一去半年,才回到京师,连皇帝都没有见一面,便"责补闲郡"。人们不知道他犯了什么罪!我听了很伤心,不了解他何负于朝廷而被黜辱到这个地步!这样下去,忠臣义士,谁还肯为国家效死呢?③

这年三月,韩琦罢枢密副使,以资政殿学士出知扬州(今江苏江都)④。在这之前,担任枢密使的杜衍,人们攻击他左右仲淹和富弼,也罢了官,以尚书左丞出知兖州,制辞中说他"颇彰朋比之风,难处咨谋之地"⑤。

不在朝廷,任河北都转运使的欧阳修,上书皇帝,说杜衍、范仲淹、富弼、韩琦这些人都没有罪,不该罢官。指他们为朋党,说他们专权,是不顾事实,逸害忠贤。这四人性情不同,见解也不尽

---

① 《范文正公集》卷一六《郓州谢上表》。
② 《宋史》卷三一二《韩琦传》。
③ 《韩魏公集》卷一三《家传》。
④ 《宋史》卷一一《仁宗纪》。
⑤ 《宋史》卷三一〇《杜衍传》,《续通鉴》卷四七庆历五年正月乙酉条。

137

一致。对滕宗谅枉费公用钱,范仲淹主张从宽发落,而杜衍认为要严。契丹进攻西夏,范仲淹以为必乘机袭击河东,富弼却以为不然,完全不同意仲淹的意见。筑水洛城,尹洙和刘沪意见不同,韩琦支持尹洙,而范仲淹支持刘沪。他们平时相互尊重,议事则廷争无私。说他们结成朋党,是一点也不尊重事实①。

欧阳修还列举韩琦、范仲淹、富弼不贪名位的事实,说:"自陛下召琦与仲淹于陕西,琦等让至五、六,陛下亦五、六召之。弼三命学士,两命枢密副使,每一命未尝不恳让愈切。"又说,开天章阁使辅臣议论国家大事,出谋献策,他们很谦虚、谨慎,不敢独抒己见。后来手诏指定姓名,他们才以祖宗故事为鉴,请皇帝选择施行。说他们专权,也是诬陷②。

尹洙时知潞州(今山西长治),被视为仲淹同党。这年秋,借口他在渭州贷用公使钱,贬为崇信节度副使,后又徙监均州(今河南均县西北)酒税③。

邠州是周文化的发祥地,所谓后稷、公刘的故乡。仲淹在这里住下来,觉得很适宜。在给韩琦的信中,说西夏已受宋册命,边境亦平静无事。四路沿边安抚使的名义,已经不必要了。他已请求朝廷罢使名,内调蒲、同、襄、邓,"须求便安,以全衰晚"。这时,韩琦还在汴京。等到韩琦去了扬州,在给韩琦信中,就极力鼓励这一位比他年轻的志士,说:"天将授任,必拂乱之增益所能尔!"说到他自己,便十分肯定地以为,年纪大了,精力衰了,经历的风波

---

① ② 《长编》卷一五五庆历五年三月条,《欧阳文忠公集》卷一〇七《论杜衍范仲淹等罢政事状》。

③ 《宋史》卷二九五《尹洙传》。"均州"《邵氏闻见录》及《宋人轶事汇编》引《湘山野录》作"筠州",均误。《范文正公集》尺牍下《与尹师鲁》云:"热中得回问,知汉东尤甚。"时仲淹在邓州,与韩琦信,亦言:"师鲁去赴均州时,已觉疾作。至均,寝食或进或退。……舁疾来邓,以存殁见托。"

已多,再不知止,祸患就没有边了①。

五年秋,知陕州(今河南三门峡)军府事王质死。质字子野,伯父王旦,是真宗朝的名相。还不满二十岁,就被当日名流所赏识。朝中权贵,不是他家的亲戚,便为故旧,但他一点儿也不去逢迎。仲淹得罪了吕夷简,贬谪南方,朝廷贵人对之切齿,他却领了兄弟子侄设宴都门,为仲淹饯行。仲淹说:"这不又要连累你吗?"他表示愿意被看作是仲淹同党,毫不后悔。后来他的长女嫁给了仲淹的次子纯仁。韩琦、富弼任枢密副使时,因为他清正方直在搢绅中数第一,推荐他主持选举,做进退人物的工作②。

仲淹对子野的亡故很悲痛,在祭文中说:

余谪于江南兮,靡贵贱而见嗤。
公慷慨而不顾,日拳拳以追随。
何交道之斯笃,曾不易于险夷。
仰万石之家声,结丝萝以相维。
庶子子与孙孙,保岁寒之不衰。

万石即万石君,姓石名奋,父子五人,官皆至二千石,故称奋为万石君。汉景帝说:"人臣尊宠,乃集其门。"家风孝谨,为当世所称道③。结丝萝指的便是二家的婚姻。仲淹在祭文中,表示了岁寒相保的不朽情谊。王质的墓志,也是仲淹作的,在他所写的墓志文字中,是较长的一篇。

知邠州不到一年,罢安抚使后调知邓州(今河南邓县)。

---

① 《范文正公集》附《尺牍》中《与韩魏公》。
② 《宋史》卷二六九《王质传》,《范文正公集》卷一三《王公墓志铭》。
③ 《史记》卷一〇三《万石张叔列传》。

邓州即南阳郡。原是上郡，后升望郡。人口近三十万，是个大州①。唐初，突厥屡次侵犯长安，李渊就曾打过迁都到这一带来的主意②。仲淹到邠州半年，西夏与宋讲和，边境上的贸易也将恢复，四路安抚司"今后别无事务"，他请求皇帝撤销这个机构，把他调往一"善地"便于就医③。邓州就是这样的一个善地。

到了邓州之后，萦绕仲淹思绪的还是已经逝去的往事。当他担任参知政事时所提出的改革措施，一一被废除，发自内心的怨愤，也回荡在给皇帝的谢表中：

> 改参大政，俾竭微才。革姑息之风，则谋身者切齿；尚循默之体，则爱国者寒心。退孤上恩，进敛群怨。诚难处于要路，复请行于边鄙。④

仲淹的话，说得很真诚。在皇帝面前，他把心掏出来了。"爱国"与"谋身"，诚如冰炭那样不能相容，进也难，退也难，只得"请行于边鄙"。又希望在一个"风俗旧淳，政事绝简"的地方，祈愿很久以来不能平静的心得到安宁，每至秋来就要加深的肺疾得到好转，但他仍旧是怀抱着"求民疾于一方，分国忧于千里"的矢志不移的志士的忠忱⑤。

在赴邓州途中，仲淹有一封信给田况。况字元均，这时正丁父忧在家。仁宗总是想按照老规矩办事，不愿意作改革，跟着那些谋身的大臣转，以为主张改革的是"好名"。他上书反复陈述西北边患

---

① 《宋史》卷三八《地理》一。
② 《资治通鉴》卷一九一武德七年七月甲子条："或说上曰：'突厥所以屡寇关中者，以子女玉帛皆在长安故也。若焚长安而不都，则胡寇自息矣。'上以为然，遣中书侍郎宇文士及逾南山至樊、邓，行可居之地。将徙都之。"
③ 《范文正公集》卷一九《陈乞邓州状》。
④⑤ 《范文正公集》卷一七《邓州谢上表》。

日炽,不能以屈就言和为得计。应当有所作为,以绝后患。要求英睿神武之名,崇俭广爱之名,勤政求治之名,纳谏之名,不求这些名,国家就没有希望了①。

在这封信中,仲淹表示非常钦佩田况能坚持终丧,说要不是大孝之节不可夺,谁能坚挺地站在"雷霆之际"以触龙鳞呢!说到自己,仲淹表示去南阳还要读书,以为"涉道贵深,退即自乐",不是宦海升沉可以动摇的②。

---

① 《宋史》卷二九二《田况传》。
② 《范文正公集》附《尺牍》下《与田元均》。

二二、"步随芳草远"

"步随芳草远",是仲淹在邓州寄晏殊诗中的名句①。晏殊罢相之后,这时正退居陈州(今河南淮阳)。诗是一首五言排律,写邓州风物,亭台鱼鸟,草色歌声,沁人心肺。"百花争窈窕,一水自涟漪",读之真不觉移情。

仲淹在给韩琦的信中,说这个地方很少公事,很少客人,过得很闲适,想不到"劳生亦有此遇"②。和朱家的侄儿写信,说一切都要善自宽解,人生本是乐少忧多,只要能自适就好。在邓州"疏懒成性,日在池塘,或至欢醉"③。

邓州是历史名城,东汉末诸葛亮曾隐居于此。汉光武起兵,依仗的南阳子弟,云台二十八将,都和这个地方有关。他的前任是孙甫。甫字之翰,和尹洙是好友,杜衍屡次荐他才大可用。④ 孙甫由邓州调安州(今湖北安陆),仲淹在和他的诗中,说甫以清净化民,邓州物产丰盛,土地肥美。他一到这个地方,便感到"优游岂减居林泉","琴樽风月夕不眠"⑤。

邓州的南面是光化军(今湖北光化西北)。知军是仲淹的老友李简夫。军和州、府是同一级的地方行政区域,光化是个下等军,人

---

① 《范文正公集》卷四《献百花洲图上陈州晏相公》。
② 《范文正公集》附《尺牍》中《与韩魏公书》。
③ 《范文正公集》附《尺牍》上《与朱氏》。
④ 《宋史》卷二九五《孙甫传》。
⑤ 《范文正公集》卷二《依韵和安陆孙司谏见寄》。

口不及邓州十分之一①。简夫和仲淹的交谊是很深的。仲淹给简夫的诗中，作了真诚的表白：

> 老来难得旧交游，莫叹樽前两鬓秋。
> 少日苦辛名共立，晚年恬退语相投。
> 龚、黄政事聊牵强，元、白邻封且唱酬。
> 附郭田园能置否？与君乘健早归休。②

龚、黄指的是龚遂、黄霸，这两人都是循吏。龚遂为渤海太守，叫老百姓卖剑买牛，努力耕作。黄霸为郡，户口年年增加，治绩当时数第一③。元、白就是元稹和白居易，居易为杭州刺史，元稹为越州刺史，这二位诗人，便时相唱和④。

另一首寄和简夫的诗，对自己说得更多。内心虽似平静，南阳的风物，邓州的差遣，也不过是聊以自慰而已：

> 南阳偃息养衰颜，天暖风和近楚关。
> 欲少祸时当止足，得无权处且安闲。
> 心怜好鸟来幽院，目送微云过别山。
> 此景此情聊自慰，是非何极任循环。⑤

在邓州，仲淹和李简夫相互寄诗，不仅尽情倾诉自己，对老友也表示希望。对于自己，他说："素心直拟圭无玷，晚节当如竹有筠。"⑥

---

① 《中国历代户口、田地、田赋统计》一三六、一三七页。
② 《范文正公集》卷四《依韵酬光化李简夫屯田》。
③ 《汉书》卷八九《循吏传》。
④ 《白居易年谱》一四〇、一四一页。
⑤ 《范文正公集》卷四《依韵酬李光化见寄》。
⑥ 《范文正公集·酬李光化见寄二首》。

他也当然知道，这是只能为知己者道的。心如玉洁，晚节像竹筠那样坚韧，与他为敌，只知道谋身的人是听不进去的。他希望能在邓州买田，趁还健康，和李简夫一同退居。他对简夫还说："未必晚成输早达，好将高笑代长吁。公余更励经邦业，思为清朝赞禹谟。"①这种希望，看来似乎和买田退居是矛盾的，但只是这样才表现了仲淹思想的整体，让人们看到他的全貌。两年之后，仲淹在应命举堪任清要官时，曾保荐过简夫，说他"素负词雅，居常清慎"，在光化军，"人忧其去，吏不敢苛"②。这位比仲淹晚第进士四年③，仕途也更艰难的人，很早就为仲淹所倾心。当仲淹栖迟海上的时候，得到他的来信，是既"忆神交"，又"慰寂寥"，以"管、鲍垂千古"相期的④。

庆历四年，因在进奏院参与宴会，与女伎杂坐被贬知濠州的王洙，这时移知襄州（今湖北襄樊）。襄州在邓州的南面，王洙过邓，与仲淹相会。后来仲淹寄王洙诗，一则说：

> 高车赴南岘，敝郊主东道，
> 风采喜一见，布素情相好。
> 屈指四十秋，于今岁寒保。

再则说：

---

① 《范文正公集·依韵酬李光化叙怀》。
② 《范文正公集》卷一九《举李宗易向约堪任清要状》。
③ 《范文正公集·举李宗易状》云："知光化军屯田员外郎李宗易，天禧三年，进士第九人及第。"
④ 《范文正公集》卷三《得李四宗易书》："秋风海上忆神交，江外书来慰寂寥。松柏旧心当化石，埙篪新韵似闻韶。须期管鲍垂千古，不学张陈负一朝。三复荆州无限意，王孙芳草路遥遥。"

> 与君誓许国，无忝于祖考。
> 洁如凤食竹，乐若鱼在藻。
> 安得长相亲，时时一绝倒？
> 不忘平生期，明月满怀抱。①

王洙在襄州，重修羊祜祠。羊祜，字叔子，是西晋开国元勋。镇守襄阳，常轻裘缓带，身不被甲，甚得军民之心。临终，举杜预自代。预卒建平吴之功。祜很喜欢这里的山水，春秋佳日，常至岘山，"置酒言咏，终日不倦"。祜死后，襄阳人在岘山立碑以为纪念，见此碑者莫不堕泪，因名为堕泪碑②。

羊祜祠堂修成，仲淹有《寄题岘山羊公祠堂》诗，用羊祜登岘山的议论，化为韵语，说：

> 此山自古有，游者千万辈，
> 堙灭皆无闻，空悲岁月迈。
> 公乎仁泽深，风采独不昧。
> 于今堕泪碑，观之益钦戴。③

对于王洙这一位腹有诗书的老友，在诗中，也极力赞美他的恬退，称道他的善政，说他也将和羊祜那样留下"千载爱"的。

> 卓有王源叔，文学伟当代。

---

① 《范文正公集》卷二《依韵和襄阳王源叔龙图见寄》。
② 《晋书》卷三四《羊祜传》。
③ 《晋书》云："祜乐山水，每风景，必造岘山，置酒言咏，终日不倦。尝慨然叹息，顾谓从事中郎邹湛等曰：'自有宇宙，便有此山。由来贤达胜士，登此远望，如我与卿者多矣！皆湮灭无闻，使人悲伤。如百岁后有知，魂魄犹应登此也。'"

> 借麾来襄阳，高怀极恬退。
> 山姿列云端，江响拂天籁。
> 行乐何逍遥，览古忽感慨。
> 不见叔子祠，芜没民畴内。
> 千金赎故基，庙貌重营绘。
> 襄人复其祀，水旱有攸赖。
> 太守一兴善，比户皆欢快。
> 源叔政可歌，又留千载爱。①

邓州城下有个百花洲，仲淹另一位老友谢希深在这里建了一座览秀亭②。亭屹立城头，尽揽洲中秀色。日子久了，亭子也倾颓了。谢希深在这年的二月已经去世，仲淹到了邓州，很哀伤，在祭文中说："贤哉云亡，颜渊不幸！某同年之中，切磋游泳。今此于藩，复仰前政。不见故人，怒焉如病。"③ 不知是为了纪念，还是为了恢复对这如画湖光的点染，览秀亭很快就修复了。中秋落成，置酒高会；重阳日，又登临揽胜。"风来雁声度，云去山色留"④，秋高气清，山色与秋声都紧紧扣住一位以天下为己任的人的心胸。在《中元夜百花洲作》诗中，仲淹似乎还很年轻：

> 南阳太守清狂发，未到中秋先赏月。
> 百花洲里夜忘归，绿梧无声露光滑。

---

① 《范文正公集》卷二《寄题岘山羊公祠堂》。
② 《范文正公集》卷二《览秀亭诗》云："南阳有绝胜，城下百花洲。谢公创危亭，屹在高城头。""危亭"下仲淹自注云："紫微谢希深领郡日建此亭。"
③ 《宋史》卷二九五《谢绛传》，《范文正公集》卷一〇《祭谢舍人文》。
④ 《范文正公集》卷二《览秀亭诗》。

在忘归的夜里，所感所闻，却是：

> 从来酷暑不可避，今夕凉生岂天意！
> 一笛吹销万里云，主人高歌客大醉。
> 客醉起舞逐我歌，弗舞弗歌如老何。①

庆历六年（一○四六年），仲淹五十八岁。李夫人死去已经十一年，幼子纯粹，就是这年七月为续娶曹夫人②所生。长子纯祐卧病③，次子纯仁、纯礼都在邓州。

穰县（今河南邓县）人贾黯，这一年状元及第，通判襄州。回到家乡，进谒仲淹。仲淹说："对于富贵，你可以不愁了。一辈子要努力去做的，我看只有'不欺'二字。"④ 在进谒仲淹之前，贾黯也向杜衍去求过教，见面之后，杜衍只问他的家境。黯有点失望，以为杜衍不看重他。杜衍知道这一情况，说："中了状元，其学不问可知；将来要大富贵，亦不问可知。我只担心他家境不好，以至轻于进用，不得施展抱负。"⑤

这年冬天，邓州喜雪，贾黯以诗为贺。仲淹也答之以诗，说："谁言吾子青春者，意在生民先发讴。"⑥ 对这位青年，仲淹和杜衍都期之以远大，意望也都很殷切。贾黯后来常常追念仲淹对他的教

---

① 《范文正公集》卷二《览秀亭诗》。
② 《宋会要辑稿》仪制一○之二七。
③ 《宋史》卷三一四《范仲淹传》云："纯祐……从仲淹之邓，得疾昏废，卧许昌。"《范文正公集》附《尺牍》上《与中舍》云："诸儿子长进，在此如常。十九郎虽未复旧，亦渐减退，余各修学。南阳清简，极好养性。"又云："纯仁等勿令饮酒，大底已被酒成狂疾，余者宜戒之戒之。"
④ 《宋史》卷三○二《贾黯传》，《邵氏闻见录》卷八。
⑤ 《能改斋漫录》卷一二《记事》。
⑥ 《范文正公集》卷二《依韵答贾黯监丞贺雪》。

育，说："吾得于范公者，平生用之不尽。"①

张焘这时候因事出使邓州。邓州喜雪，焘也作了一首《嘉雪》诗，仲淹作和，喜雪的心情和故人相见的欢欣融成了一片：

> 散乱狂飞若倚势，徘徊缓舞如含情。
> 千门竞扫明月色，万木都折寒梅英。
> 天上风流忽尔在，人间险阻无不平。
> 因松偶作琴瑟调，过竹徐移环珮声。

在对瑞雪的描绘之后，更倾泻着与故人相见共此天瑞时的遐想：

> 因招大使赏天瑞，醉把羲皇向上评。
> 穷通得丧了无事，庄老器宇何难并。
> 君起作歌我起和，天地和气须充盈。②

这时，年逾八十的退休宰相张士逊和仲淹也时相唱和。仲淹《依韵酬太傅张相公见赠》诗说：

> 出处曾无致主功，南阳为守地犹雄。
> 醉醒往日惭渔父，得失今朝贺塞翁。
> 七里河边归带月，百花洲上啸生风。
> 卧龙乡曲多贤达，愿预逍遥九老中。③

张士逊曾三次入相，仲淹很尊敬他，称颂他，说："白傅歌诗传海

---

① 《邵氏闻见录》卷八。
② 《范文正公集》卷二《依韵和提刑太博嘉雪》。
③ 《范文正公集》卷四。

外，晋公桃李满人间。"① 晋公是唐名相裴度②，仲淹是把白居易、裴度来和他相比的。

宋代地方官，大抵三年一任，实际上不过一年多、两年。邓州任满，仲淹徙知荆南（今湖北江陵）。邓人不愿仲淹南去，仲淹也想留任。他向朝廷写了个报告，说大儿子生病，他很担心，倘去荆南，不仅有行李之苦，而且那里的医药条件也远远不如邓州。希望皇帝收回成命，让他留任邓州，一定努力工作，"拳拳民政，战战官箴"③。他的请求得到批准，在邓州又留了一年。

王洙在襄州任满，奉命调徐州（今江苏徐州）。仲淹极为不平，以为王洙被贬出外，本来就是因为"横议中伤"。朝廷有过三次赦宥，他一次也没有得到恩遇，迄今还要移知徐州，不召回朝廷，很不公允。王洙这个人，通学术，善文词，对朝廷典故非常熟悉。过去他曾请求知越州，宰相章得象说朝廷离不开这个人，不让出去。后来调知襄州，勤于吏治，地方情况很熟，应当办的事都办了，吏民过得很安乐。他请求皇帝把王洙召回京师，以为台阁的仪表，否则也要"就迁近职，别领大藩"。这不仅是对他个人安排得当不得当，也是叫搢绅知道有学问的人必得到鼓励，做了好事的人不会被埋没④。

仲淹处闲不得闲，无权的日子也为国家惜人才。

---

① 《范文正公集》卷四。
② 《旧唐书》卷一七〇《裴度传》。
③ 《范文正公集》卷一七《谢依所乞依旧知邓州表》。
④ 《范文正公集》卷一九《乞召还王洙及就职任事札子》。

二三、死生师友

庆历六年（一〇四六年）正月，范雍在洛阳死了。他做了四十七年官，青年时期，即为北宋名臣张咏、寇准所赏识。康定元年（一〇四〇年），西夏进兵陕西，取得三川口的胜利，他困守延安，认为这个地方不守，就要威胁关辅的安全，表示自己愿死王事，希望山神念百姓的无辜，使得免于鱼肉①。仲淹从江南调任陕西边事，范雍正在延州，他对这一情况知道得很清楚。当范雍因三川口之败，受到朝廷处分离开延安的时候，延安的吏民都很同情他，说："城当陷落而没有陷落，老百姓当要死亡而还活着，都是他的力啊！"②在对西夏用兵时，为仲淹、韩琦所识拔的狄青，还在当小校（低级军官）的时候，"坐法当斩"，也是因为范雍，才得免死的③。

仲淹为雍作墓志，说他是"邦之伟人"，非常称赞他治学之勤，藏书之富，把他的著作详详细细地列出来，说他到了高年，还孜孜不倦地读书；官做得很大，即使很忙，也从不把书本丢掉。

墓志成，范雍的儿子送来一份厚礼，仲淹不受；后来又把范雍收藏的书画送给他，仲淹只留下一卷《道德经》，写了一封信给范雍的儿子，说：这些东西是你父亲收藏的，人们都很珍重，我为你们亦十分爱惜，切不可为人所得④。

为人作墓志接受礼物，历来如此。仲淹却一次也没有接受金帛

---

①② 《范文正公集》卷一三《范公墓志铭》。
③ 《宋史》卷二八八《范雍传》云："颇知人，喜荐士，后多至公卿者。狄青为小校时，坐法当斩，雍贷之。"
④ 《五朝名臣言行录》卷七之二。

的馈赠。他为人志墓，不是亲知，便为故旧，一般都是他所敬爱的人。

滕子京谪居岳州已经一年多了。

岳州当洞庭湖口，湖水浩浩荡荡，澎湃而来，"衔远山，吞长江"。很多年前，仲淹曾随后父朱文翰来过与岳州邻近的安乡①。这是个滨湖的小县，在幼小心灵中，却深深印下了洞庭的水色天光。当然，谁也没有想到四五十年之后，这壮丽风光却渲染着他为宗谅所作的那篇记岳阳楼的名文。

岳阳楼是唐代岳州城西门的城楼，下瞰洞庭，景物宽阔②。杜甫唐大历三年（七六八年）有登此楼诗，极言湖水的浩渺无边："吴楚东南坼，乾坤日夜浮。"这比《水经注》所说的，"湖水广圆五百余里，日月若出没于其中"，气象更壮阔、雄浑③。

二百多年，楼颇残破。宗谅重修，增其旧制，刻唐人和当代题咏于其中。子京是一位极有才能的人，谪居此地，愤郁颇见于辞色。仲淹很为他担心。恰好宗谅请他作岳阳楼记，因此，仲淹在记文中说，有的人望洞庭风雨，萧条满目，感极而悲；有的人看晴波万顷，浮光跃金，其喜洋洋，他却以为不能因物而喜，不当以己而悲。士大夫当胸怀天下，先天下之忧而忧，后天下之乐而乐④。

《岳阳楼记》成，由苏舜钦书石，舜钦善行、草，是当时著名书家，所书"清瘦劲健"；由邵𫗧篆额，𫗧以篆书著名，所谓"高出四

---

① 《范文正公集》附《褒贤祠记》卷二《文正公读书堂记》云："文正公少孤且贫，从其母归朱氏。朱宰澧之安乡，公侍母偕来，尝读书于老氏之室曰兴国观者，寒暑不倦，学成而仕，为时名卿。"《遗迹》东溪书院条同。
② 《杜少陵集详注》卷二二《登岳阳楼》注引《岳阳风土记》。
③ 《水经注校》卷三八（湘水）又北过下隽县西条。
④ 《范文正公集》卷七《岳阳楼记》。

海"的①。滕宗谅在岳州的政绩,范仲淹的文章,苏、邵的书法,当时被称为"四绝"。

岳阳楼记刻石不久,宗谅调知苏州,未逾月即病死。仲淹祭之以文,说他和子京"忠孝相勖,悔吝相惩",交谊是很深的。后又为作墓志,述其生平,说他才有余,命不足,不能尽其才,感到非常惋惜。极力称赞他"育人之孤,急人之难",为政尚宽易,"孜孜风化",在哪里做官,便在哪里办学。

宗谅是庆历七年(一〇四七年)三月死的,过了一个月,尹洙又病殁于邓州。

尹洙谪筠州(今江西高安)监酒税,郡守赵可度迎合朝廷旨意,千方百计折磨他。仲淹在邓州,报告朝廷,说:"尹洙身体不好,多病,让他死在那个偏僻地方很可惜,请叫他到邓州来治病。"仲淹的请求得到批准,庆历七年初夏,年仅四十六岁的尹洙,到了邓州。在筠州,尹洙已经病了几个月,时好时坏。让他来邓州治病的请求,经过三个月,才得到同意。到邓州时,尹洙已经病得很沉重,但神志还清楚。和仲淹相见,他没有一句话说及后事,稚子立榻前,也没有一点怜爱之色。家里人问他,什么也不说。仲淹安慰他,说:"你平生大节,立身行事,我将请稚圭(韩琦)、永叔(欧阳修)执笔,可以传之不朽。你家贫,我和稚圭、永叔一定分俸赡,不令孩子们失所。"尹洙说:"我要说的你都说了,我什么话也没有了。"他死得很平静,当他和贾黯告别的时候,说:"亦无鬼神,亦无烦恼。"②

仲淹将尹洙临终情况,写信告诉韩琦,说:"庄老释氏齐死生之说,尹洙尽得之,奇异奇异!平常见到他对儿女极爱怜,想不到他

---

① 《渑水燕谈录》卷六《文儒》,《书林藻鉴》卷九。
② 《宋人轶事汇编》卷九引《湘山野录》。

能这样想得开,明白事理!"①

尹洙死后,仲淹料理丧事,天气已经很热了,直到秋凉,才把他的家属送回洛阳故乡。

对尹洙生平事迹,仲淹非常重视,请一位对尹洙最了解的孙甫为作行状。孙甫字之翰,少年时便和尹洙极相得。由邓州改知安州(今湖北安陆),路过随州(今湖北随州)时,和尹洙相见,将近一个月的盘桓,对榻而谈,无所不及。有个叫刘湜的人,当朝廷要罗织尹洙罪状时,奉命彻查尹洙在渭州挪用公使钱为部将还债的事,曾欲置尹洙于死地。这回两人见面,尹洙却不提起这件事,之翰说:"那个想置你于死地的人,对于他,你为什么一句也不提呢?"尹洙说:"刘湜和我,无怨无仇,不过是为了迎合当权者的意旨想害人,缺乏做人做事的原则罢了,我何恨于他!"尹洙常说自己好善过于嫉恶,随州相见之后,孙甫认为他的好友真是如此,衷心地钦服②。

欧阳修作了尹洙的墓志。仲淹看了之后,寄给韩琦,说志文"词意高妙",可以传世,但事实还说得不够,要韩琦作墓表时加以补充。又再三嘱咐韩琦,说事实不可夸大,以为说过了头,反要损害死者的名声③。

仲淹为尹洙文集写了一篇序,不到六百字,不仅讲了北宋初期的文学史,还概括叙述了尹洙的生平以及文学主张。明确地说写文章要"抑末扬本,去郑复雅",说尹洙和穆修相善,对《春秋》很有研究,文风谨严,"辞约而理精",话不多,但道理讲得很透。对尹洙生平,以为"死生不能乱其心",想为国家多做些事情,但"多难不寿",充满了惋惜之情④。

---

① 关于尹洙由筠州至邓州,及在邓州死去情况,史载多有不同。此据欧阳修所作墓志及范仲淹《与韩魏公》书(《范文正公集》附《尺牍》中)。
② 《五朝名臣言行录》卷九之六引《南丰杂识》。
③ 《范文正公集》附《尺牍》中《与韩魏公》。
④ 《范文正公集》卷六《尹师鲁河南集序》。

十一年前，仲淹被指为朋党斥逐江南，尹洙自称是仲淹同党，亦当贬逐，遂监郢州（今湖北钟祥）酒税。苏舜钦曾寄以诗，说：

安惭言得罪，要避曲如钩。
郢路几来马，荆川还溯舟。
伤心众山集，举目大江流。①

当仲淹望着尹洙的遣柩北归，是不是有比"举目""伤心"更深沉的哀念？

人过中年有哀感。庆历七年，仲淹五十九岁，已渐入老境了。将近三十年前，仲淹任亳州节度推官的时候，为通判杨日严所赏识。日严后来通判陈州，向朝廷推荐他。这一年的春天，日严病故汴京。感知遇于壮岁，仲淹对这一位为政、为人、为学都极倾心的人的逝去，无限深情地说："一顾而厚兮甚乎神交，……思欲报兮光尘寂寥。"②

李迪是真宗、仁宗两朝名臣，这一年已经七十七岁，原已退居濮州（今山东鄄城北）故里，因为儿子柬之作京官，被迎养京师。他忠直敢言，有知人之明。从陕西转运使任所还朝，真宗以为曹玮谎报军情，盛怒之下，把李迪叫来，问以虚实。他从容地向真宗说了他的意见，力言曹玮是个将才，他日必能为国家建功立业③。

他和吕夷简同时为相，关系不好，人们说他"直而疏"，以为夷简"巧而密"④。一生事君以直道，甚为士大夫所仰慕。这年初冬，

---

① 《苏舜钦集》卷六《闻京尹范希文谪鄱阳，尹十二师鲁以党人贬郢中，欧阳九永叔移书责谏官不论救而谪夷陵令，因成此诗以寄，且慰其远迈也》。

② 《范文正公集》卷一〇《祭龙图杨给事文》，《宋史》卷三〇一《杨日严传》。

③ 《五朝名臣言行录》卷五之二引《涑水纪闻》。

④ 《龙川别志》卷上，又见同上《五朝名臣言行录》引。

李迪死于京师。仲淹在祭文中称赞他:"言必谠直,道惟忠纯。或出或处,有屈有伸。两朝真宰,一德良臣。白发仗钺,气犹过人。"白发仗钺,说的是西夏扰边时,大臣多为身谋,不愿出任边事,而李迪却奋请往守边的事①。邓州东望,叹惋悲怆之情,使仲淹不能自已地感到,这一位前辈对自己是"遇厚情亲",自己却无以为报而自责不仁了②。

---

① 《宋史》卷三一〇《李迪传》;同书卷二八三《夏竦传》云:"竦雅意在朝廷,及任以西事,颇依违顾避,又数请解兵柄。"

② 《范文正公集》卷一〇《祭故相太傅李侍中文》。

二四、"忧事浑袪乐事还"

庆历七年（一〇四七年）十一月，贝州兵变。贝州是旧名，临运河，城峻池深，后来改名恩州（今河北清河西）①。兵变是由一名士兵领导的，奋战了六十五天才失败。兵变之初，明镐以体量安抚使名义前往镇压。夏竦时为枢密使，与镐不睦，处处牵制他。镐攻贝州久不下，参知政事文彦博自请亲往。兵变被镇压，文彦博入相。不久，夏竦罢去②。

皇祐元年（一〇四九年）三月二十一日，仲淹奉命移知杭州。在《谢两地启》中所说的集贤相公，指的便是文彦博。对于这一位年轻的政治家，仲淹是推心置腹的。在谢启中，他说这回调任，可以经过他的故乡，和亲旧重新相见；居湖山佳绝之地，与鱼鸟相亲，实在是天幸。他一点也不隐讳自悔的心情，说："领出师之重任，曾莫有功；参论道之近司，亦惟无状。"③

由邓州到杭州，陈州（今河南淮阳）是必经之地。在这里，仲淹专门看望了晏殊。他出京不久，晏殊也罢了相，出知颍州（今安

---

① 《宋史》卷八六《地理》二恩州条云："唐贝州，……庆历八年，改州名。"

② 《涑水纪闻》卷九，《五朝名臣言行录》卷三之一引此全同。《宋史》卷十一《仁宗纪》："八年闰月辛丑，贝州平。戊申，文彦博同中书门下平章事、集贤殿大学士。五月辛酉，夏竦罢。"

③ 《范文正公别集》卷四《知杭州谢两地启》。

徽阜阳），后调陈州①。在邓州时，仲淹有献百花洲图诗寄给他②。二十二年前，殊知应天府，仲淹以母丧居南都，殊请他任教府学，后又推荐他为馆职③。仲淹对晏殊是有知遇之感的。后来同在政府，虽常坚持己见，然始终以门生自居。《过陈州上晏相公》诗说：

> 曩由清举玉宸知，今觉光荣冠一时。
> 曾入黄扉陪国论，重求绛帐就师资。
> 谈文讲道浑无倦，养浩存真绝不衰。
> 独愧铸颜恩未报，捧觞为寿献声诗。④

"曩由清举"指的便是荐为馆职，"曾入黄扉"当然是说殊为平章事枢密使时，仲淹亦参大政。最为人所称道并传为美谈的是仲淹在六十一岁高龄，还自居门生，"重求绛帐就师资"，对这位老师十分尊敬⑤。

杭州是历史名城，所谓"江海上游，东南巨屏"⑥。他的老友孙甫，这时正为两浙转运使，也驻在杭州。宋运使亦称监司，总管一路的赋税、交通，兼监察吏治，州县虽然不尽为下属，但实际上是一路的行政长官。仲淹对州事，常便宜行之。孙甫仍把他当作大臣看待，对他的为人处世常常赞不绝口，但遇事却按规矩办，"一切绳

---

① 《宋史》卷三一一《晏殊传》。同书卷十一《仁宗纪》载庆历四年六月壬子，范仲淹宣抚陕西、河东。九月庚午晏殊罢相。
② 《范文正公集》卷四《献百花洲图上陈州晏相公》。
③ 应天府府学即应天府书院，宋四大书院之一。《宋史》卷三一四《范仲淹传》云："母丧去官，晏殊知应天府，闻仲淹贤，召置府学。……服除，以殊荐，为秘阁校理。"
④ 《范文正公集》卷四《过陈州上晏相公》。
⑤ 《范文正公集》附《言行拾遗事录》卷一。
⑥ 《范文正公集》卷一七《杭州谢上表》。

之以法"，毫不假借，仲淹对待他十分亲切，亦"无倦色"①。他们相互唱和。钱塘江潮自古均为壮观，仲淹有《和运使舍人观潮》诗，说：

> 把酒问东溟，潮从何代生？
> 宁非天吐纳，长逐月亏盈。②

这一问，和晚于他的苏轼、辛稼轩问青天、问明月有着相同的气势与对大自然的沉思③。当然，"可怜今夜月，向何处，去悠悠"是更会把人引入一个充满了幻梦般的神奇之境的。

仲淹另一位老友蒋堂这时候在苏州。蒋堂也是一位遇事敢言，能极力推荐人才的人。他任江淮发运使的时候，推荐属下吏二百人，有人对他说："何必推荐那么多！荐举不当，要连累得罪的。"蒋堂说："十得二三，亦足报国。"史书上说他"延誉晚进，至老不倦"④。

苏、杭相距不远，仲淹和蒋堂时时有唱和之作，仲淹在和诗中，一则说：

> 余杭偶得借麾来，山态云情病眼开。
> 此乐无涯谁可共，诗仙今日在苏台。⑤

---

① 《宋史》卷二九五《孙甫传》。
② 《范文正公集》卷四《和运使舍人观潮》。
③ 《全宋词》第一册苏轼《水调歌头》云："明月几时有，把酒问青天。不知天上官阙，今夕是何年。"又第三册辛稼轩《木兰花慢》云："可怜今夜月，向何处，去悠悠。是别有人间，那边才见，光景东头。"
④ 《宋史》卷二九八《蒋堂传》。
⑤ 《范文正公集》卷四《依韵和苏州蒋密学》。

再则说：

> 东南为守慰衰颜，忧事浑袪乐事还。
> 鼓吹夜归湖上月，楼台晴望海中山。
> 奋飞每美冥鸿远，驰骋那惭老骥闲。
> 此日共君方偃息，是非荣辱任循环。①

可忧之事一下子都没了，但病眼之开，乐事之还，不仅是由于湖山之美，足以娱情，更重要的还是人言已息，夏竦罢去，文彦博入相之后，政治上的暗箭也不再对着他了。这年二月，富弼由给事中拜礼部侍郎。不久，他也受到同样的待遇②。皇帝还派了入内西头供奉官麦知微至杭，赐给他一盒凤茶③。凤茶和龙茶一样，是茶中的精品，又叫团茶。庆历以后，皇帝把这种茶赐给近臣④。这对仲淹不仅是荣宠，正如他在谢表中所说："久离帝右，曷测天衷，异恩一临，群疑尽决。"当然，曾经有过的乐事就随忧事之去而回来了。

仲淹另一位老友和亲戚郑戬这时仍在并州，他寄诗给郑戬，表示了与蒋堂唱和同样的愉快：

> 钱塘作守不为轻，况是全家住翠屏。
> 最爱湖山清绝处，晚来云破雨初停。

西湖载酒游春，层楼累榭，万户千门，全在郁郁葱葱的春色当中，行春的快乐，是说不尽的。但这位胸怀天下的人，还有着"仁君未

---

① 《范文正公集·依韵答蒋密学见寄》。
② 《长编》卷一六六皇祐元年二月辛未条，卷一六七同年七月癸卯条。
③ 《范文正公集》卷一七《谢赐凤茶表》。
④ 《渑水燕谈录》卷八《事志》。

报头先白"和"却愁何道继文翁"的感慨①。文翁是汉代在蜀郡大办学校,努力提高西蜀文化水平的一位循吏,班固置之于既尚公法又顺民情的《循吏传》之首②。

仲淹由给事中进为礼部侍郎的时候,张昇由濠州(今安徽凤阳东北)调知润州(今江苏镇江),仲淹举以自代,说他"有忧天下之心",大节凛然,无让古人。"朝野推重",他自己比不上③。昇在朝廷,任言官,讲真话,论事坦直,什么都不怕。张贵妃的伯父张尧佐"缘恩骤进",他对仁宗说:"你想天下太平,怎么能让一个女子来破坏呢!"宦官杨怀敏在宫中值宿,卫士为变,他极论其事,说:"怀敏这个人,一旦得志,可以比得上唐末搞废立的刘季述。"仁宗认为他说话没轻没重,往往说过头,不高兴。庆历八年,黜他知濠州④。仲淹在政府时,张昇屡以母老辞官,有人指责他"避事",仲淹认为他不是个避事的人,替他说话,使他得以归养⑤。在《举张昇自代状》中,说昇"清介自立,精思剧论",对昇的估价是很高的。

这一年春天,仁宗访近臣以备边之事。叶清臣已由知永兴军内调,以翰林学士权三司使,在答奏中,以为辅臣"抱忠义之深者莫如富弼","为社稷之固者莫如范仲淹",又说范仲淹"深练军政"⑥。这年冬,清臣病故。仲淹在祭文中无限深情地说:"仆与公知,则相知心。……相许道大,交荐言深。久要之意,不为浮沉。今也云亡,绝弦于琴。白发相失,清泪难禁。"⑦ 人们常说过了中年便有哀感。

---

① 《范文正公集》卷四《依韵和并州郑宣徽见寄》。
② 《汉书》卷八九《循吏传》。
③ 《范文正公集》卷一八《举张昇自代状》。
④ 《续通鉴》卷五〇庆历八年八月丁丑条。
⑤ 《宋史》卷三一八《张昇传》,《范文正公集》附《言行拾遗事录》。
⑥ 《宋史》卷二九五《叶清臣传》。
⑦ 《范文正公集》卷一〇《祭叶翰林文》。

这时候，仲淹当然也会回想起谪居饶州时收到清臣寄诗的喜悦①；而和清臣在润州月夜相逢，万里清光，也会来入梦的②。

---

① 《范文正公集》卷二《酬叶道卿学士见寄》诗云："嘉兴风雅来，观对如天宾。感兹韶夏音，佐我台上春。"
② 《范文正公集》卷四《依韵酬叶道卿中秋对月二首》其二云："孤光千里与君逢，最爱无云四望通。处处楼台竞歌宴，的能爱月几人同。"其一云："诗人不悔衣沾露，为惜清光岂易亲。"

二五、 重到杭州

唐代诗人韦应物,在江南做过几任刺史,最后一任是苏州刺史,人们叫他做韦苏州。白居易极称赞他的诗,刘禹锡、刘长卿和他同时,但他年最长,寿亦最高①。韦应物和李儋的交情很深,来往亦密。他在作地方官时,有一首寄李儋的诗,说了思想、生活,也抒写了自己的情怀。范仲淹对诗中"邑有流亡愧俸钱"之句极为欣赏,说那是"仁人之言",评价是很高的②。"仁人之言",也是仲淹这时候的内心表白和自我要求。

仲淹到杭州不满一年,就碰上杭州地区的大饥馑,到处都是流民。皇祐二年(一〇五〇年)三月,皇帝诏令两浙流民,没法活下去的,允许人们"收养"。这就不仅仅是"邑有流亡"了③。

仲淹采取以工代赈的方法,发放浙西储存的粮食,修仓库、吏舍,"日役千夫"。又号召杭州的寺主利用"工价至贱"的时候,大兴土木。这样,私家的力量也被调动了。身为太守的仲淹,日日宴于湖上;一个春天,杭州的居民也空巷出游。

就这样,"贸易、饮食、工技服力之人,仰食于公私者,日无虑数万人"。这当然是最好的救灾办法。但仲淹却被他的上司指斥为"嬉游不节","不恤荒政";那一些以工代赈的办法,也被视为"伤

---

① 《唐诗纪事》卷二六,《困学纪闻》卷一四,姚宽《西溪丛语》载吴兴沈作喆《韦应物补传》谓应物年九十余,不知其所终。
② 《唐诗三百首》卷五《寄李儋无锡》章燮注。
③ 《续资治通鉴》卷五一皇祐二年三月己酉条:"诏两浙流民,男女不能自存者,听人收养,后不得复取。"

耗民力"①。

杭州谷价一斗涨到一百二十钱，势头还在看涨。仲淹下令增为斗一百八十，派人去交通要路张贴告示，说明杭州缺乏粮食和所增谷价。各地粮商，"晨夜争进"，把粮食运到杭州来。粮食多了，谷价也就自然地下跌，恢复斗一百廿钱。原来对提高谷价感到"不知所为"的人，才平静下来②。

事实胜于雄辩。仲淹在杭州"发司农之粟，募民兴利"的办法，以后就被朝廷普遍采用，以命令行之③。

春天过了。蚕麦收成很好，秋稼也长得很茂盛。仲淹给在定州（今河北定县）的韩琦写信，说今年可望是个丰年，原来的忧惧像冰一样地消了。事情不忙，还有些闲暇，可以温习笔砚④。

段少连死去，已经十一年了⑤。仲淹主持边事，曾推荐他担任西边要职。他们相知很早，天圣初，仲淹就有诗寄给他⑥。那时，少连为杭州观察判官，大为知州事李及赏识。十多年后，仲淹为作墓表，称赞他在御史台直言极谏，无所回避，是一位真正的御史。出为转运使，善人君子受到信用提拔；只有小人怕他，他在时，坏事也做得少些⑦。

王丝去年四月病故京师，归葬萧山。大中祥符八年（一〇一五年），他和仲淹同举进士，屡被名臣聂冠卿、叶清臣所推荐。所到之处，兴学校，雪冤狱。庆历中，以殿中侍御史安抚湖南，"戎服葛屦，与士卒同"。迁侍御史，为广南东路转运按察使兼提举市舶。过

---

① 《梦溪笔谈》卷一一《鹤林玉露》卷之三甲编略同。
② 《能改斋漫录》卷二《增谷价》。
③ 《梦溪笔谈》卷一一。
④ 《范文正公集》附《尺牍》中。
⑤ 段少连卒在宝元二年（一〇三九年），见《范文正公集》卷一四《段君墓表》。
⑥ 《范文正公集》卷三《寄余杭全安石段少连两从事》。
⑦ 均见《段君墓表》。

去，海外来的货物，十税其一，一定要挑最好的，外商甚以为苦。他命令好的、差的兼收，人们称赞他，说这个人难得，被称为"金珠御史"。仲淹为作墓表，说他"终身无咎"，"既及于民，复通于神"①。

和仲淹认识了多年的一位学者李觏，二十八岁入京，也曾被聂冠卿、叶清臣所许可。仲淹知饶州，曾和他见过面，后调越州，请他去那儿讲过学②。这年十一月，仲淹又向朝廷加以推荐，说他深明六经之旨，"著书立言，有孟轲、扬雄之风义"。把他的著作，包括《明堂定制图序》，共二十四篇，缮写进呈，说只要皇帝翻阅一下，就会认为李觏才学不是一般儒者所能比③。

皇祐二年（一〇五〇年）三月，皇帝决定九月大享于明堂，要有关机关草拟仪注。六月，仲淹又上书说李觏对于明堂制度有研究，十多年前就作过明堂图，写过序，"学古之心"和皇帝完全一样，再一次表示荐贤之意④。

明堂是皇帝祭天地、祖宗，祀百神，布大政，合诸侯的地方，是所谓的王者之堂。关于它的制度，历来有争论。李觏据《考工记》、《盛德记》、《月令》诸书及两汉以来诸儒议论，详加考索，编绘成图⑤。

八月，李觏试太学助教。九月二十七日大享明堂，召杜衍陪祀⑥。杜衍致仕已三年。为此，仲淹专门上表，说衍"直清忠尽，

---

① 《范文正公集》卷一四《王君墓表》。
② 《李觏集》附《直讲李先生年谱》。
③ 《范文正公集》卷一九《荐李觏并录进礼论等状》。
④ 《李觏集》附《直讲李先生年谱》云："是年，范公再荐于朝。其章曰：臣去年录进李觏所业十卷，其明堂图序一卷。今朝廷行此大礼，千载一时。斯人学古之心上契圣作，再录上进，乞加天奖，以劝儒林。"
⑤ 《李觏集》卷一五《明堂定制图序》。
⑥ 《续资治通鉴》卷五一皇祐二年八月、九月。

勤劳弼亮"，是陪祀的首选①。

这次明堂大礼非常隆重，宰相文彦博以下都进了官，范仲淹也由礼部侍郎进为户部侍郎②。

仲淹的异母兄叫仲温，比仲淹长四岁。仲淹复姓后，他们像亲兄弟那样来往。因为仲淹的关系，仲温做了几任地方官，为黄岩（今浙江黄岩）知县，很有政绩，还不满六十，便致仕还乡。他们平时难得见面，仲淹调知杭州，才得快晤，但仲温身体已大不好，皇祐二年重阳才过，便死了③。

仲淹对家族是很关心的，参大政时，给仲温写信，再三叮嘱子侄"勿烦州县"，倘有争吵，他必"奏乞深行"，要求很严格④。和诸侄写信，也再三要他们在官当廉洁谨慎，必须有乡曲之誉，才能推荐⑤。又屡次和仲温商议在苏州买田，以所得租米，赒给宗族⑥。这就是后来为各地所仿置的义庄。范氏义庄在苏州吴县、长洲县有田十余顷，其管理规程为仲淹所手定⑦。

北宋大臣退闲之后，多居西京。洛阳有很多名园，唐朝宰相裴度的绿野园即其中之一。仲淹表示了告退之意，便有人想为他买下

---

① 《范文正公集》卷一七《乞召杜衍等备明堂老更表》。
② 《续资治通鉴》卷五一皇祐二年冬十月丙辰："宰相文彦博以下，进官有差。"《范文正公集》附《年谱》谓（皇祐）二年"在杭转尚书户部侍郎"，又见卷一八《举彭乘自代状》。
③ 《范文正公集》卷一三《范府君墓志铭》。
④ 《范文正公集》附《尺牍》上家书《与中舍》。
⑤ 《范文正公集·与中舍二子三监簿、四太祝》。
⑥ 《范府君墓志铭》云："某来守钱塘，与府君议，置上田十顷于里中，以岁给宗族，虽至贫者不复有寒馁之忧。"
⑦ 见《范文正公集》附《义庄规矩》。

这座园子。仲淹很尊敬裴度，认为"取其物而有之"，于心不安①。子弟们后来又乘间劝他在洛阳盖房子，自己修一个园林。仲淹听了大发议论，以为一个人有"道义之乐"，可以外形骸，更不必说居室了。还说自己担心的是地位高了退不下来，不担心退下来没有燕息之处。洛阳这个地方，园林多得很，园林主人并不能常常去游览，谁会拦阻我去呢？难道一定要有自己的园林才以为乐吗？②

富阳谢涛故去已经十六年。他的儿子谢绛和仲淹同年及第进士，意气议论都很相得。谢绛还在壮年就死去了，使仲淹少了一个可以说知心话的人。谢绛的长子景初这时出宰越州的余姚（今浙江余姚东北），请仲淹为他祖父作碑铭。对于碑主，仲淹是很佩服的。他在官三十余年，从不阿附权贵，青年时就和王禹偁交往，"扬榷天人"。议论天人之际的问题，当时是很不容易的，仲淹称之为"雅远"。谢涛循良廉让之风，仲淹以为"足以佑风化而厚风俗"。当然，这也为仲淹所向往③。

他送景初去余姚作宰的诗，五言一百字，有期待，有赞扬，有说湖山之秀，有言人物之美，结句说："行行道不孤，明月相随去。"这也许是仲淹遗留给后世的最后的诗篇④。

韩琦在定州已经两年多了。定州是北边重镇。庆历八年（一○四八年）置定州路安抚使，统定州、保州、祁州、深州和广信、安

---

① 《二程集·河南程氏遗书第十》："子厚（张载）言：昔年有人欲为范希文买绿野堂，希文不肯，识道理自不然。在唐如晋公者，是可尊也。一旦所其物而有之，如何得安？"
② 《五朝名臣言行录》卷七之二引《遗事》。
③ 《范文正公集》卷一一《谢公神道碑铭》。
④ 《范文正公集》卷二《送谢景初廷评宰余姚》。

肃、顺安、永宁四军①。"中山兵精劲冠河朔"②。这位和仲淹同任西方边事，同为枢辅，后来又因谗谤出守外州的人，是兢兢业业地在这里为国宣劳的。在定州，他把一座破亭子改建为阅古堂，左右壁上，图绘历代良将、良守。种了花木，叠石为山，引水为渠，种药作圃。春天的垂柳，盛夏的芭蕉，有的地方绿成一片。他写了一篇《定州阅古堂记》，又作了《阅古堂诗》。记文中说，一入阅古堂，就像在读历史，使人们了解："为治莫先于教化"，"用兵莫贵于权谋"，但最重要、最根本的还是"忠义"，忠义是一切的根本③。在《阅古堂诗》中，他说：

> 今辱寄中山，地重扼幽朔，
> 日惧不克堪，误上所简擢。
> 古之良守帅，功业甚奇卓，
> 忍以救空疏，志慕极坚确。④

这篇记和诗，仲淹在江南，就读到了。仲淹称赞它，以为"存诚风教，未尝空言"，"感服钦慕，不知其止"⑤。他在杭州，也作了《阅古堂诗》，八十四句，凡四百二十字，在集中为大篇，也是力作。诗一开头，便说：

> 中山天下重，韩公兹镇临。

---

① 《安阳集》卷二一《定州厅壁题名记》，定州路安抚使属地，相当于今河北保定市以南，束鹿以北，任丘、河间以西，曲阳以东的地方。
② 《宋史》卷三一二《韩琦传》，《韩魏公集》卷一三。
③ 《安阳集》卷二一《定州阅古堂记》。
④ 《安阳集》卷一《阅古堂诗》。
⑤ 《范文正公集》附《尺牍》中云："蒙赐教并示中山新作，有以见大君子存诚风教，未尝空言，惟感服钦慕，老而不知其止。"

堂上缋昔贤，阅古以儆今。①

阅古儆今，在仲淹思想中是很突出的。宋人非常重视历史，真宗编《历代君臣事迹》（即《册府元龟》）于先，神宗赐名司马光论次君臣事迹之书为《资治通鉴》于后，都是这种思想的表现。在诗中，仲淹还说：

　　　吾爱古贤守，馨德神祇歆。
　　　……
　　　跻民在春台，熙熙乐不淫。
　　　耕夫与樵子，饱暖相讴吟。

古贤守的愿望是这样，事实当然并不完全是这样。
　　在诗中，仲淹还歌颂古时的名将，说：

　　　吾爱古名将，毅若武库森，
　　　其重如山安，其静如渊沉，
　　　有令凛如霜，有谋密如阴。

对于贤守名将，仲淹不一味膜拜，他的老友，阅古堂的作者，也不是这样。作者在诗中说：

　　　前人何赫赫，后人岂愔愔！
　　　所以作此堂，公意同坚金。

既说了韩琦，也抒写了自己的怀抱。因此，这首诗的后一半便追叙

---

① 《范文正公集》卷二《阅古堂诗》。

他与韩琦抗击西夏的历史：

> 历历革前弊，拳拳扫妖祲。
> 二十四万兵，抚之若青衿。
> 惟以人占天，不问昴与参。
> 相彼形胜地，指掌而蹄跻。
> 复我横山疆，限尔长河浔。

韩琦比仲淹小二十岁，正值盛年。仲淹作此诗已六十三岁。但这位白发翁对春秋鼎盛的阅古堂主人的期待，还充满了豪情：

> 公方青春期，抱道当作霖。
> 四夷气须夺，百代病可针。
> 河湟议始行，汉唐功必寻。
> 复令千载下，景仰如高岑。

二六、 最后的日子

仲淹由礼部侍郎进为户部侍郎。九年前，他转尚书户部郎中，曾举彭乘以自代①。彭乘在真宗朝就为馆阁校勘，寇准很器重他，曾参与校正《南史》、《北史》和《隋书》。家富藏书，手自校雠，仁宗称之为老儒，是一位自甘寂寞的学者②。仲淹说他"好学不倦，孤立无徒"，在馆殿中只他一个人没有过升进。这回，仲淹转官是由于明堂礼成。一个月后，便奉命知青州（今山东益都），充京东西路安抚使。离开杭州北上，水驿邮程，过了大半个春天，直到三月上巳，才到达山东半岛，古代齐国所在的地方③。

富弼去国之后，先知郓州（今山东东平），后移青州。在青州值荒年，救死扶生④。仲淹继任，从河北来的流民，还留在青州乡村的，入城求食，几天就有六七千⑤。青州田赋，旧例要往博州（今山东聊城）交纳实物，老百姓甚苦运输之劳。仲淹规定在青州按所纳实物折价，派人至博州以高于当地价格收购粮食，博州民踊跃出

---

① 《范文正公集》卷一八《举彭乘自代状》。
② 《宋史》卷二九八《彭乘传》。
③ 《范文正公集》附《尺牍》中《与韩魏公》云："某上巳日方至青社。继富公之后，庶事有伦，守之弗坠。"
④ 《宋史》卷三一三《富弼传》云："移青州，兼京东路安抚使。河朔大水，民流就食。弼劝所部民出粟，益以官廪，得公私庐舍十余万区，散处其人，以便薪水。……山林陂泽之利可资以生者，听流民擅取。死者为大冢葬之，目曰丛冢。……凡活五十余万人，募为兵者万计。"
⑤ 《范文正公集》附《尺牍》中《与韩魏公》云："河朔流民，尚在村落，因须救济，数日间入城者六七千人，无非饥穷，其来未已。"

售，几天工夫就买足了青州所当交纳的田赋。博州和青州相距有二百里，这样一来，就大大减少了老百姓纳粮道途之苦了。仲淹这一便民措施，深受青州人民爱戴。仲淹成为他们的偶像，受到衷心的尊崇①。

这位六十三岁老人的利民之心还是很炽热的，正如他在《青州谢上表》中所说："发言多忤，非轻去明主之恩；触事为忧，所重在太平之业。"②他非常注意选择幕府工作人员，常说要"可为己师者"才予以荐请③。到青州之后，他向朝廷推荐张讽为青州观察判官厅公事，李厚为青州两使推官兼管勾安抚司机宜文字④。青州是个节度州，其幕职官有观察判官厅公事和两使推官，知青州例兼安抚使，安抚主管军政，故又有管勾（主管）机宜文字一职⑤。这两位被推荐的人，仲淹说张讽不仅有为人所慕的文学美才，还为人纯正；李厚是"素有文行，涉道且深"，说自己"受国寄任，日忧旷阙，得此二人，助其不逮，庶无败事"，是非常敬重的。

宝元初，西夏进攻陕西，张讽还是个布衣，对边政就发表过很有见地的议论，为人所赞赏⑥。来青州后，仲淹身体不好，后复卧病，公务都由他处理⑦。

仲淹一生，汲汲以推荐人才为务。任辅相时，曾一次荐十人为

---

① 《五朝名臣言行录》卷七之二，《东斋记事·补遗》略同。
② 《范文正公集》卷一七《青州谢上表》。
③ 《五朝名臣言行录》卷七之二云："公言：幕府辟客，须可为己师者乃辟之，虽朋友亦不可辟。盖为我敬之为师，则心怀尊奉，每事取法，于我有益耳。"
④ 《范文正公集》卷一九《举张讽李厚充青州职官状》。
⑤ 《宋史》卷一六七《职官志》七幕职官条、经略安抚习条，同书卷八五《地理志》一青州条。
⑥ 《云巢编》云："宝元二年，西方用兵，讽以布衣进《启政》十篇，复陈边要数万言，并上书二府，论古今兵事成败。时虽不用，公卿翕然以为材。"
⑦ 《宋史翼》卷一《张讽传》。

馆职，杜杞为第一人①。杞正值盛年，这时却死于庆州②。仲淹为文以祭，悼惜甚深，说："既钟其才，弗以寿存。今也云亡，痛楚悲辛。"③ 杜杞的祖父叫杜镐，南唐时便以博通经史著称，真宗时预修《册府元龟》。年逾五十，还像个力学的少年，日治经史数十卷。所居仅庇风雨，一住二十年，不想换新房子④。仲淹哭杜杞，说他是出自大儒之门的令人，"学深如海，文敏如神。群经众史，精微悉臻。长疏大议，慷慨屡陈"。称赞他当"蛮"人的怨，伸汉民之枉，任广南西路安抚使时，"一边无尘"，居民得到了安宁。

青州距他度过童年和少年的地方不过百里，这一带峰峦叠起，他少年时读书之处，即隐没于州城西面的山中。在这里，仲淹受到最早的儒学薰陶，正像后来金国刘仲元所说的那样，"读天下书，穷天下事，以为天下之用"。仲元是淄川（今山东淄博南）人，在金官翰林学士，当然也是个孔孟的信徒⑤。对这个情同桑梓的地方，仲淹感情很深，一草一木，一山一水，都在他的记忆中着了色，充满了年轻美妙的梦想。

长白山中有一种叫青金的山石，青里带黑，文理细密，仲淹到青之后，便叫石匠入山，取以为砚，和歙州（今安徽歙县）出产的砚很相似⑥。冬天已经来了，他用小楷书写《伯夷颂》⑦，分寄朋友。其中，有以书法独步一时的苏才翁，有息隐故园已久的杜衍，有才

---

① 《范文正公集》附《奏议》下《奏杜杞等充馆职》，共举杜杞、章岷、尹源、张揆、王益柔、吕士昌、苏舜钦、楚建中、姚嗣宗、孙复等十人，除章岷、吕士昌、姚嗣宗外，《宋史》均有传。

② 《宋史》卷三〇〇《杜杞传》，此传谓其父为镐，误。参见本书《杜镐传》及《欧阳文忠公集》卷三〇《杜杞墓志铭》。按镐为杞之祖。

③ 《范文正公集》卷一〇《祭杜待制文》。

④ 《宋史》卷二九六《杜镐传》。

⑤ 《范文正公集》附《褒贤祠记》卷一《范文正公书堂记》。

⑥ 《渑水燕谈录》卷八《事志》。

⑦ 《书林藻鉴》卷九。

卸去宰相重任的文彦博，有少年时为他所激赏后又和他同任辅相的富弼①，书写时的墨汁，可能就是在这种石砚中研磨出来的。

《伯夷颂》是唐代著名文学家韩愈的名篇。韩愈在此文中，强调独立特行之士，以为这种人信仰坚定，自知甚明，不顾人们的是非，力行而不惑。仲淹相信自己的一生就是如此。楷写这篇颂，实际上也是自我的表白。文彦博罢相之后，出知许州（今河南许昌），收到仲淹手写的《伯夷颂》，曾有一首七言绝句题其后：

> 书从北海寄西豪，开卷才窥疏发毛。
> 范墨韩文传不朽，首阳风节转孤高。②

西豪是里名，相传是东汉荀淑的故居所在，这里是指许州③，像北海指的是青州一样。彦博题诗，对仲淹的心事是了然的。

长白山的烟霞，四十年之后，还是那么亲切。对个人来说，四十年的变化是很大的，但暮年之心犹如往昔。他有诗寄给故乡的人，说：

> 长白一寒儒，登荣（似当作庸）三纪余。
> 百花春满路，二麦雨随车。
> 鼓吹迎前导，烟霞指旧庐。
> 乡人莫相羡，教子读诗书。④

---

① 《范文正公年谱》。
② 《文潞公集》卷四《题高平公范文正亲书伯夷颂卷后》。
③ 《后汉书》卷六二《荀淑传》李贤注云："今许州城内西南有荀淑故宅，相传云即旧西豪里也。"
④ 《宋朝事实类苑》卷三四歌咏云："范文正公……任宦四十年，晚镇青州，西望故居才百余里，以诗寄其乡人曰：……"《渑水燕谈录》卷七歌咏略同。楼钥编《范文正公年谱》系此于大中祥符八年，云"登第后有诗"云云，当移置皇祐三年。

衣锦还乡，昔人以为乐。仕宦将近四十年之后，回望长养他的地方，寄语乡人的却是不要以他的仕履为羡，而应以诗书教育子孙后辈为要。

自到青州，仲淹即感体力不支，在请求调往颍州（今安徽阜阳）或亳州（今安徽亳县）的报告中，说自己"去冬以来，顿成羸老"，精神、身体都不行，记忆力十分差，不能担任知青州和安抚使这样任重事繁的工作①。他的报告很快就得到批准，徙知颍州。颍州和陈州、亳州相邻，是北宋大臣退闲之地。他拜命即行，在给韩琦的信中说："扶病上道，赴颍州。益远风问，但深瞻恋之剧。"② 皇祐四年（一○五二年）初夏，到达徐州，便病不能行。时孙沔知徐州，他和沔相知，虽在患难亦屡相问，遂留徐诊治，仁宗专门派人来徐问疾并送药物③。六十三年前的秋天，仲淹生在徐州，长去人间，又是徐州的初夏。

《遗表》六百字，自叙生平，说："生而遂孤，少乃从学。游心儒求，决知圣道之可行。结绶仕涂，不信贱官之能屈。""耻为幸人，窃论国体"。入仕之后，誓不惜身，以至"大忤权贵，几成废放"。后来对西夏用兵，被起用副帅西边，"虽微必取之功，多弭未然之患"。入参大政，竭忠尽力，但当日的情况是："事久弊则人惮于更张，功未验则俗称于迂阔，以进贤授能为树党，以敦本抑末为近名"。就这样，谗言谤语便叫他不得不远去京邑，守邠，守邓，守杭，守青，近赴颍州，"息鞍东徐"，灵医不效，在生命垂危的时候，念念不忘的还是希望仁宗："上承天心，下徇人欲，明慎刑赏，而使

---

① 《范文正公集》卷一九《陈乞颍亳一郡状》。
② 《范文正公集》附《尺牍》中《与韩魏公》。
③ 《范文正公集》诸贤赞颂疏引《韩魏公遗事》云："韩公《与孙元规龙图书》云：近方知希文留徐将治，已差下人致书药诣徐。"《宋史》卷三一四《范仲淹传》。

之必当；精审号令，而期于必行。尊崇贤良，裁抑侥幸，制民于未乱，纳民于大中。"①

这个遗表，人们称赞它"不干私泽"，可以看得出作者始终以道义自许，"不为禄仕出"，在封建社会中，是难能可贵的②。

仲淹死后，仁宗亲书其碑曰"褒贤"③，碑文中说，"以其遗表无所请，使就问其家所欲"。宋制，大臣遗表，可为子孙计，向皇帝提出请求，这就是所谓遗表恩。仲淹却丝毫不及家事，所以人们说他自始至终，为官作宦，都不是为禄仕。

他的好友韩琦，得到他的死讯，十分惊恸，好些日子不思饮食，在祭文中称赞他，"前不愧于古人，后可师于来哲"，惋惜他的"太平之策，噤而不得施，委经纶于一梦"；说他们之间，"凡有大事，为国远图，争而后已，欢言如初，指之为党，果如是乎?!"④

富弼这时候在蔡州（今河南汝南），祭文讲仲淹一生行事，讲得娓娓动人。说在二府的时候，"不设机械，不作崖岸，坦坦一心，惟道之践"。备极深情地回忆了对自己的奖掖，说："顾我誉我，谓必有成。"富弼比仲淹小十五岁，庆历新政，二人都是主角，后又被迫同出安抚，同受到谗谤。对于这一位"师友僚类殆三十年"的人的亡故，发自内心的敬慕、哀伤，是："相勖以忠，相劝以义，报主之心，死而后已。呜呼哀哉，公今死矣，忠义已矣；万不仰一，斋恨多矣；世无哲人，吾道穷矣。我虽苟活，与死均矣。"⑤

---

① 《范文正公集》卷一六《遗表》。
② 富弼撰范仲淹墓志铭云："遗表不干私泽，此益见其始卒志于道，不为禄仕出也。"
③ 《宋史》卷三一四《范仲淹传》。
④ 《范文正公集》诸贤赞颂论疏引《韩魏公遗事》、《安阳集》卷四三《祭文正范公文》。
⑤ 《范文正公集》附录富郑公祭文。

仲淹谪江南，梅尧臣和他诗文相遗①。主西事后，来往遂疏。但尧臣和仲淹挚友如尹师鲁、欧阳修的关系都是很密切的。仲淹死后，尧臣有《闻高平公殂谢述哀感旧以助挽歌三首》，第一首说："文章与功业，有志不能成。"这是当世追悼仲淹的人共同的悲哀。第二首说两人后虽出处不同，但悼念仍深："公既参炉冶，予将事蕨薇。悲哀无以报，有涕向风挥。"末章语极沉痛，既说仲淹，也是自道："贫贱常甘分，崇高不解谀。虽然门馆隔，泣与众人俱。"② 朱东润先生说"此亦有微词"③，是这样吗？也许不是的。

---

① 《范文正公集》卷一有《灵乌赋》云："梅君圣俞作是赋，曾不我鄙而寄以为好，因勉而和之，庶几感物之意，同归而殊涂矣。"《宛陵先生集》卷四有《寄饶州范待制》、《读范公述严祠碑》，卷五有《范待制约游庐山》、《范饶州语食河豚》。

② 《宛陵先生集》卷一五。

③ 《梅尧臣传》一六〇页。

范仲淹事迹著作编年简录

端拱二年（九八九年），八月丁丑

生于徐州节度掌书记官舍。父墉，从钱俶归宋，任武宁军节度掌书记。母谢氏。

是年，辽人取易州，深入宋境，被击败。

前一年，宋以李继捧为定难节度使，改姓名为赵保忠，使图继迁。

作开宝寺塔。

张洎、王禹偁、田锡论边事，以为当任贤相于内，委良将于外。

淳化元年（九九〇年）

二岁。父死徐州，归葬苏州天平山。其后，母改适淄州长山朱文翰。文翰景德初曾任淄州长史，亦曾官池州及澧州安乡县。改姓朱，名说。随后父游宦，曾读书于池州及安乡。

淳化二年，晏殊生。三年，孙明复生。四年，胡瑗生。

至道元年，谢绛生。三年，王洙生。

咸平四年，尹洙生。五年，梅尧臣生。

景德元年，富弼生。是年，辽大举攻宋，真宗亲征，与辽结澶渊之盟。

景德二年，石介生。三年，文彦博生。四年，欧阳修生。

大中祥符元年（一〇〇八年）

二十岁。

游关中，识王镐。

是年，作天书。正月，有天书见于承天门，大赦改元。议封禅。真宗封禅泰山，至曲阜祀孔子。韩琦生。苏舜钦生。

二年

二十一岁。

读书长白山。见姜遵。

是年，大兴土木。应天书院建立。

李觏生。

三年

二十二岁。

四年

二十三岁。知己家世，别母去南都。力学于应天书院。是年，真宗祀汾阴。

七年

二十六岁。

有《睢阳学舍书怀》诗。

是年，真宗至亳州，谒老子于太清宫。以应天府为南京。寇准为枢密使。

前二年，蔡襄生。赐杭州隐士林逋粟帛。

八年

二十七岁。

第蔡齐榜进士。为广德军司理参军。迎母以养。

是年，寇准罢相。

天禧元年（一〇一七年）

二十九岁。迁文林郎，权集庆军节度推官。集庆军即亳州。始复范姓。

是年，王旦卒。旦为相十二年，遗令削发披缁以殓，甚悔不谏天书之失。

周敦颐生。

二年

三十岁。仍在亳州。识杨日严、上官融。

三年

三十一岁。

除秘书省校书郎。

是年，寇准复相，丁谓为副相。会食中书，羹污准须，谓徐起拂之。准笑曰："参政国之大臣，乃为官长拂须耶！"

是年，司马光生。

四年

三十二岁。校书秘书省。

是年，寇准复罢。赵德明筑城号兴州，以为军事、政治中心。

张载生。崔遵度卒。遵度善琴，仲淹师之。

五年

三十三岁。监泰州西溪镇盐仓。

《书海陵滕从事文会堂》、《西溪见牡丹》、《得李四宗易书》、《射阳湖》、《西溪书事》诸诗均当作于是时。

王安石生。

乾兴元年（一〇二二年）

三十四岁。

有《上张右丞书》，张右丞即张知白，时为枢密副使。

《寄余杭全安石段少连二从事》诗，作于此时。

是年，真宗死。仁宗即位，时年十三，太后听政。贬寇准为雷州司户参军。王曾同平章事，吕夷简参知政事，钱惟演为枢密使。

天圣元年（一〇二三年）

三十五岁。

除兴化令。富弼来见。与林逋（君复）相识，似始于此时。《寄赠林逋处士》当作于是时或此后二三年。

徙楚州粮料院。

二年

三十六岁。

子纯祐生。

三年

三十七岁。

有《奏上时务书》。《寄秦州幕明化基寺丞》。明化基，明镐字。真宗崩，改大理寺丞。天圣三年，薛奎知秦州，辟其为节度判官。

《清风谣》、《鸣琴》、《驯鸥咏》均作于是时。

是年，张知白同平章事，晏殊为枢密副使。

四年

三十八岁。丁母夫人忧，居南京。有书与发运使张纶，言复海堰之利。

序唐异诗，以为五代以还，因人之尚，忘己之实。惟唐异子然弗伦，洗然无尘，意必以淳，语必以真。

又有《赠余杭唐异处士》。

五年

三十九岁。

居南京。时晏殊罢枢密副使，出守南都，聘仲淹教生徒。孙明复来谒，授以《春秋》。

有《上执政书》，时王曾、张知白为相，吕夷简为副相。王曾见而伟之。有《赋林衡鉴序》。代晏殊作荐王洙为应天府府学说书。王洙天圣二年进士及第。庆历四年，洙被视为范仲淹之党，出知濠州。庆历七年，仲淹有奏乞召还王洙。仲淹死，仁宗亲书其碑曰褒贤之碑，欧阳修作文，王洙书丹。

有《送李纮殿院赴阙》诗。

《林和靖诗集》卷三有《送范希文寺丞诗》，其中有"梅福官卑数上书"之句。按范仲淹于天圣二年迁大理丞，三年上书言事，四年、五年亦上书。林、范当交于范居泰州之日，此诗或作于范去泰州赴南都时。君复天圣六年死于杭州。仲淹有寄西湖林处士，与人访林处士及和沈书记访林处士数首，均当作于六年之前。楼钥作仲淹年谱，均系之于皇祐元年，误。天圣六年之前，仲淹必曾游杭州，与林逋相见，惟文献无可考见。

纯仁生。

是年，夏竦为枢密副使。

六年

四十岁。

晏殊荐为秘阁校理。葬母于河南府万安山。有《求追赠考妣状》、《南京府学生朱从道名述》。《寄题许州钱相公信美亭》，亦当作于是时。钱相公即钱惟演，仁宗初，为枢密使，后以同中书门下平章事判许州。

是年，张士逊同平章事，姜遵、范雍为枢密副使。赵德明称帝，立子元昊为皇太子。

林逋卒。

七年

四十一岁。

上疏言皇帝不当率百官为皇太后上寿,以为天子有事亲之道,无为臣之理,有南面之位,无北面之仪。又请皇太后还政。出通判河中府。

是年,玉清昭应宫灾。王曾罢相。

八年

四十二岁。

与晏殊书,申论请皇帝勿率百官为皇太后上寿之意。分当日士大夫为危言危行及逊言逊行两类,以为:"使缙绅之人皆危言危行,则致君于无过,致民于无怨,政教不坠,祸患不起,太平之下,浩然无忧,此远害全身之大也。"

上疏论不可罢职田,请罢修宫观。

有《上时相议制举书》,主张"命试之际,先之以六经,次之以正史,该之以方略,济之以时务,使天下贤俊,翕然修经济之业,以教化为心,趋圣人之门,成王佐之器"。时相谓吕夷简,时夷简以昭文馆大学士同中书门下平章事。

转殿中丞。

上疏请减郡邑以平差役。

有《与周骙推官书》、《与欧静书》,极论滕子京所编唐代制诰不当名为唐典。

《与唐处士书》,论琴。谓琴当清厉而静,和润而远。琴之道,在鼓天地之和而和天下。

是年,沈括生。欧阳修试礼部第一。

九年

四十三岁。

迁太常博士,通判陈州。

纯礼生。有《送吴安道学士和崇州》诗。

是年,复外官职田。辽封赵德明子元昊为夏国公。

明道元年（一○三二年）

四十四岁。

在陈州。上疏言恩幸多以内降除官,非太平之政,愿以上官（婕妤）、贺娄氏卖墨敕斜封官为戒。

是年,赵德明卒,子元昊嗣。张士逊同平章事,晏殊参知政事。

二年

四十五岁。

由陈州召回汴京,除右司谏。上书言太后不当因保育而立,皇帝可独立决事。以议论已故太后的错误为不当。

七月,同管勾国子监。八月,安抚江淮,陈救弊八事。举吴遵路为郡政绩。十二月,奏请天下诸郡县弓手满七周年的听归农。

是岁,刘太后死,仁宗始亲政,知生母为李宸妃。吕夷简、张耆、夏竦、范雍、晏殊均罢。不久,夷简复同平章事。蔡齐为枢密副使。废郭后,孔道辅、范仲淹等谏不听。仲淹出知睦州。富弼上疏论后不当废，范不当贬。有《代胡侍郎乞朝见表》、《代胡侍郎奏乞余杭州学名额表》。按胡侍郎即胡则，曾两知杭州。此年四月，由知陈州徙知杭州。景祐元年四月，胡则除兵部侍郎致仕。仲淹有《贺胡侍郎致政状》。后胡死，仲淹为志墓，其夫人墓志亦仲淹所作。有《依韵酬吴安道学士见寄》。

景祐元年（一〇三四年）

四十六岁。

正月，出守睦州。

有《睦州谢上表》、《桐庐郡严先生祠堂记》、《与晏尚书书》。有《谪守睦州作》、《赴桐庐郡淮上遇风》、《出守桐庐道中十绝》、《萧洒桐庐郡十绝》、《新定感兴五首》、《游乌龙山寺》、《和章岷推官同登承天寺竹阁》、《依韵酬周骙太博同年》、《桐庐郡斋书事》、《留题方干处士旧居诗并序》、《和章岷从事斗茶歌》、《和葛闳寺丞接花歌》。

图唐处士方干像于严子陵祠之东壁，奏以方干配食严光。六月，徙苏州。有《移苏州谢两府文》。有《上吕相公并呈中丞谘目》，言苏州水利事。有《与晏尚书书》、《与曹都官》。曹都官，即曹修睦。其书云："移守苏州，以祖祢之邦，别乞一郡，乃得四明。以计司言苏有水灾，俄命仍旧。"

在苏州诗作甚富，有《岁寒堂三题》（岁寒堂、君子树、松风阁即三题）、《天平山白云泉》、《留题常熟顶山僧居》、《江上渔者》、《依韵酬章推官见赠》、《苏州十咏》、《依韵奉酬晏尚书见寄》、《又用前韵谢晏尚书以近著示及》、《依韵酬府判庞醇之见寄》。庞醇之即庞籍，时为开封府判官，均称府判。其出为广南东路转运使在景祐元年八月末。在此之前，有《依韵和庞殿院见寄》二首。是年，赵元昊称兀卒（可汗），改元广运，攻掠宋陕西边境。

二年

四十七岁。

在苏州，奏请立郡学。有《朝贤送定惠大师诗序》。有《祭谢宾客文》，谢宾客即谢涛，景祐元年卒于京师。《太子宾客谢公梦读史诗序》作于五月八日，自署官衔为尚书员外郎充天章阁待制。

三月，除礼部员外郎天章阁待制。有谢表。楼钥年谱误以为冬十月。有《依韵酬吴春卿二首》，春卿即吴育，时通判苏州。

荐胡瑗议乐。召还汴京，判国子监。与王曾论荐士，王曾以为宰相进退士人，绝不当使人知。论事益急，宰臣忌之。除吏部员外郎权知开封府，时将年尽。

是岁，李迪罢政，王曾同平章事。蔡齐参知政事。故后郭氏死，窜阎文应于岭南。赵元昊攻唃厮啰，被击败。

三年

四十八岁。

上太宗尹京时所判案牍，诏令编次。上百官图，指斥吕夷简任人之不当。献四论（帝王好尚、选贤任能、近名、推委），讥指时政。

五月，落职知饶州，李纮、王质饯送于郊。余靖、尹洙、欧阳修牵连被谪。蔡襄作《四贤一不肖诗》，一不肖指高若讷。有《论西京事宜札子》、《应制赏花钓鱼》。

八月，至饶州。有《饶州谢上表》。《芝山寺》、《昇上人碧云轩》、《郡斋即事》、《同年魏介之会上作》、《依韵酬黄灏秀才》、《赠锺道士》、《道士程用之为余传神因题》、《送魏介之江西提点》、《游庐山作》、《瀑布》、《鄱阳酬泉州曹使君见寄》、《和谢希深学士见寄》、《酬叶道卿学士见寄》、《庐山瀑布》，均为在饶州之作。《灵乌赋》亦作于是时。迁建饶州郡学。李觏来见。

李夫人死。李夫人，李昌龄侄女。

四年

四十九岁。

十二月，徙知润州。

是岁，京师地震。忻、代、并三州地震。

宝元元年（一〇三八年）

五十岁。

《送蔡挺代父之蜀》，似作于景祐、宝元之际。《滕子京魏介之二同年相访丹阳郡》、《移丹阳郡先游茅山作》、《赠茅山张道者》、《京口即事》、《怀庆朔堂》、《依韵酬叶少卿中秋对月》、《赠叶少卿》，均在润州作。

有《润州谢上表》、《唐狄梁公碑》、《述梦诗序》、《与李泰伯书》、《与胡安定屯田书》、《滕公夫人刁氏墓志铭》、《都官员外郎元公墓志铭》。

十一月，徙知越州。（《长编》谓移越州在二年三月。《刻唐祖先生墓志于贺监祠堂序》称"宝元元年知越州范某序"，宝元改元于景祐五年十一月。）

有《过余杭白塔寺》及《西湖筵上赠胡侍郎》，楼钥年谱系之于皇祐元年，误。宝元二年，胡则死，仲淹有祭文。又有《江城对月》诗。

是年,赵元昊称大夏皇帝。夏竦知永兴军,范雍知延州,抵御夏国。

二年

五十一岁。

有《诸暨道中》、《题翠峰院》、《越上闻子规》诸诗。蔡齐死。有《祭蔡侍郎文》、《赠兵部尚书田公墓志铭》、《清白堂记》。

邀李泰伯来越州讲学。

是年,夏国进攻保安军。

康定元年(一○四○年)

五十二岁。

三月,复天章阁待制知永兴军。未至,改陕西都转运使。五月,上疏言守边城、实关中之计,使夏人不得大战,不能深入。反对五路进讨,以为一旦兴深入之谋,则安危未可知。张士逊罢相致仕,吕夷简复相。

除龙图阁学士,与韩琦并为陕西经略安抚副使,同管勾都部署司事。

年初,夏人攻金明寨,围延州。宋军大败于三川口,延州危在旦夕。八月,仲淹兼知延州。整军经武。夏人相戒,以为"小范老子腹中自有数万甲兵,不比大范老子可欺"。

张载来谒,劝读《中庸》。

有《上吕相公书》、《上枢密尚书书》、《宁海军节度掌书记沈君墓志铭》、《太常少卿直昭文馆知广州军州事贾公墓志铭》、《延州谢上表》。

是年,《武经总要》编成。晏殊为枢密使。

庆历元年（一〇四一年）

五十三岁。

用韩琦策,决定出击西夏。以范仲淹之请,鄜延路暂不出兵。宋、夏战于好水川,任福战死。

元昊派高延德至延州试探和平。有《答赵元昊书》,由韩周偕高延德持回西夏。好水川败后,元昊使其亲信野利旺荣为书报宋,词甚倨慢。仲淹不敢转致朝廷,焚其不可闻者二十纸。降官知耀州,有《谢降官知耀州表》、《耀州谢上表》。在耀州,以疾乞知小郡。有《乞小郡表》。

以龙图阁学士户部郎中徙知庆州,兼管勾环庆路都部署司事,进左司郎中。调整与属羌关系。筑大顺城。有《上攻守二策状》；《举彭乘自代状》,楼钥作《年谱》,系此状于皇祐三年,盖误以户部郎中为户部侍郎也。有《户部侍郎赠兵部尚书蔡公墓志铭》、《举欧阳修充经略掌书记状》、《举张方平充经略掌书记状》、《举丘良孙应制科状》、《举彭乘自代状》、《上吕相公书》。

《依韵答梁坚运判见寄》,当作于是时。

是年,罢陕西都部署,分四路置使。徙夏竦判河中府。四路置帅,秦凤路韩琦,泾原路王沿,环庆路范仲淹,鄜延路庞籍。西夏陷丰州,掠麟州、府州。辽闻西夏得志,谋取宋关南地。

二年

五十四岁。

大顺城成，有《城大顺回道中作》。

请给枢密院空名及宣徽院头子以赏功。上年十一月奏请叙用犯过错误的人，以为"活人于死者必舍生而报，荣人于辱者必尽节而雪耻"。

朝命为邠州观察使，三表辞让，并有《谢许让观察使守旧官表》、《上吕相公书》。

葛怀敏战殁定川，西夏兵临渭州。仲淹领兵出援，夏兵退。十月，以为枢密直学士、右谏议大夫、鄜延路都部署经略安抚招讨使，有《让枢密直学士右谏议大夫表》。朝廷许用为两府，并令举人自代，有《谢传宣表》。

复置陕西四路都部署、经略安抚兼沿边招讨使，命韩琦、范仲淹、庞籍分领。仲淹与琦开府泾州。

有《举许渤签署陕府判官事状》、《举滕宗谅状》。文彦博帅秦州，滕宗谅帅庆州，均出仲淹之请。复举张问、孙复。

有《依韵和延安庞龙图柳湖》。

是年，辽人至汴京，求关南地。宋派富弼使辽，许增岁币银、绢各十万。建大名府为北京。宋、夏亦未绝和议。王尧臣至陕西，仲淹有《与王内翰书》，即议其事。

三年

五十五岁。

诏军期申覆不及可便宜行事。复赐陕西招讨使钱各百万。宋、夏互遣使议和，夏允称宋为父。辽亦促成和议。四月，除枢密副使，有陈让五状。石介作《庆历圣德诗》。八月，参加政事，富弼为枢密副使。召对天章阁，仲淹条陈十事，谋革弊政。有《答手诏条陈十事》、《再进前所陈十事》。

滕宗谅等以枉费公用钱被劾,有《奏雪滕宗谅张亢》、《再奏辩滕宗谅张亢》、《再奏雪张亢》、《奏葛宗古》。

沂州军卒王伦起义,转战京东、淮南。张海、郭邈山起义于京西。有《奏乞召募兵士捉杀张海等贼人事》、《奏乞指挥管设捉贼兵士》、《奏乞发兵往荆南捉贼》。石延年死,有《祭石学士文》。

《奏乞互换巡边》、《奏乞免参知政事锡赉》、《奏避蔡禀嫌》、《奏杜杞等充馆职》、《奏举张去惑许元》。

同修《中书时政记》,有《窦谏议录》。

四年

五十六岁。

诏删定审官、三班院、流内铨条贯,有《奏乞重定三班审官院流内铨条贯》。

支持修筑水洛城,有《奏为刘沪、董士廉修永(水)洛城乞委鱼周询等勘鞠》。

议兴州县学。三月乙亥,诏天下州县立学。

仁宗与论朋党,仲淹以为君子相朋为善,对国家无害。五月,与韩琦并对于崇政殿,论和、守、战备。有《奏陕西河北攻守等策》、《奏陕西河北画一利害事》,又有《奏灾异后合行四事》。

以防秋,乞罢参政。有《奏乞罢参政事知边郡》。

八月,命领刑法。有《奏乞两府兼判》、《再奏乞两府兼判》,详说唐代宰相所兼职事,并以开宝中宰臣薛居正、沈义伦兼领发遣使事以为论证。

夏竦诬富弼使石介撰诏草谋废立,仲淹更不自安,请出外,遂宣抚陕西、河东。不久,富弼亦宣抚河北。过郑州,晤吕夷简。有《绛州园池》、《送刘牧推官之兖州》、《晋祠泉》、《和杨畋孤琴吟》、

191

《与张焘太博行忻代问因话江山作》、《和延安庞龙图寄岳阳滕同年》诸诗。有《举张伯玉应制科状》。

复请罢参知政事，有《陈乞邠州状》。

是年，宋、夏和议成。辽与夏失和，辽攻西夏。辽曾请宋勿与夏和，仲淹有《奏为契丹请绝元昊进贡利害》、《奏乞拒契丹所请绝元昊和约》。吕夷简、陈尧佐死，有《祭吕相公文》、《祭陈相公文》。仲淹安抚河东时，其所荐用诸人，苏舜钦、王洙、王益柔、刁约、章岷等，俱与进奏院祠神事贬罢。

五年

五十七岁。

罢参知政事。除资政殿学士知邠州，兼陕西四路缘边安抚使。有《谢授知邠州表》、《邠州谢上表》。《鄠郊友人王君墓表》、《访陕郊魏疎处士》，均作于是年。

富弼罢知郓州。杜衍罢知兖州。韩琦罢知扬州。与韩琦书，言已乞罢使名，改蒲同襄邓一郡。有《陈乞邓州状》。

转给事中知邓州，有《谢转给事中移知邓州表》、《谢在中书日行遣公事不当放罪表》、《邓州谢上表》。

有《祭韩少傅文》、《祭知环州种染院文》、《祭陕府王待制文》。韩少傅即韩亿，仲淹献百官图，指吕夷简用人不公，荐亿可大用。王待制即王质，种染院即种世衡，其墓志均仲淹作。

《过长安醉别资政郑侍郎》，郑侍郎即郑戬。

石介通判濮州，七月病死。

六年

五十八岁。

李夫人景祐三年死。继娶曹氏，此年生纯粹。

二月，谢绛死，有《祭谢舍人文》。三月，贾黯状元及第后来见，仲淹勉以"不欺"。

《依韵酬光化李简夫屯田》，李简夫即李宗易，时知光化军，光化与邓州为邻郡，后仲淹曾荐他堪任清要。简夫与仲淹唱和之作，此数年中，有《依韵酬李光化见寄》、《酬李光化见寄二首》、《依韵酬李光化叙怀》、《和李光化秋咏四首》。

孙甫、王洙、张焘、郑戬、张士逊等都与仲淹有唱和之作。

仲淹在邓州，遗诗最多。有《依韵酬太傅张相公见赠》、《和太傅邓公归游武当寄》、《即席呈太傅相公》、《纪送太傅相公归阙》，俱与张士逊酬唱之作。

《和并州大资政郑侍郎秋晚书事》、《依韵答并州郑大资政见寄》，皆与郑戬酬唱之作。

《依韵和安陆孙司谏见寄》、《依韵和襄阳王源叔龙图见寄》、《依韵答王源叔忆百花洲见寄》，是与孙甫、王洙酬唱之作。

张焘时提河东刑狱，仲淹与酬唱，有《依韵答提刑张太博尝新酝》、《送河东提刑张太博》、《依韵和提刑张太博嘉雪》、《依韵和提刑张太博寄梅》、《又和赏梅》。

有《祠风师酬提刑赵学士见贻》、《和提刑赵学士探梅三绝》，赵学士即赵槩。有《依韵酬邠州通判王稷太博》。有《岳阳楼记》、《与田元均书》。

有《资政殿大学士礼部尚书赠太子太师谥忠献范公墓志铭》、《试秘书省校书郎知耀州华原县事张君墓志铭》，此二墓志述范雍、张问事甚详，盖亦仲淹生平所知。

七年

五十九岁。

在邓州。

杜衍致仕，时年七十。有《祭龙图杨给事文》，杨给事即杨日严。滕宗谅死，有祭文，并为志墓。尹师鲁死，有祭文，并经理其丧。函韩琦，详言尹死前后。后又序师鲁《河南集》。李迪死，有《祭故相太傅李侍中文》。

王洙时知襄州，有《寄题岘山羊公祠堂》，有《依韵和襄阳王源叔龙图见寄》。

修复百花洲，有《中元夜百花洲作》、《览秀亭诗》、《献百花洲图上陈州晏相公》诸诗。

是年，夏竦谓石介未死，结契丹不成，复往登莱聚众谋叛，欲发棺验其存亡，以构大狱。贝州王则起义。

八年

六十岁。

徙知荆南府，乞留旧治，有《谢依所乞依旧知邓州表》。

《十六罗汉因果识见颂序》作于是时。

是年，文彦博同平章事。王则起义失败。夏元昊死，子谅祚为夏国主。

皇祐元年（一○四九年）

六十一岁。

移知杭州，有《杭州谢上表》、《知杭州谢两地启》。过陈州，与晏殊相见，有《过陈州上晏相公》诗。孙甫时为两浙转运使。有《和运使舍人观潮诗》，运使舍人即孙甫。有《依韵和苏州蒋密学》、《依韵答蒋密学见寄》，蒋密学即蒋堂，时知苏州。《有依韵和并州郑宣徽见寄二首》，郑宣徽即郑戬。有《依韵和苏之翰对雪》。有《谢赐凤茶表》。

《与省主叶内翰》二书，当作于是时。叶内翰即叶清臣。又有《天竺山日观大师塔记》。

除尚书礼部侍郎，有谢表；举张昇自代，有《举张昇自代状》。有《荐李觏并录进礼论等状》。

十月，叶清臣死，有《祭叶翰林文》。

二年

六十二岁。

作《龙图阁直学士工部郎中段君墓表》、《权三司盐铁判官尚书兵部员外郎王君墓表》。

兄仲温死，为作墓志。

吴中大饥，发司农存粟，募民兴利。

奏荐李觏。九月，大享天地于明堂，有《乞召杜衍等备明堂老更表》。十月，以明堂礼成，加户部侍郎。有《送谢景初廷评宰余姚》诗，《宋故太子宾客分司西京谢公神道碑铭》。

十一月，徙京东路安抚使知青州。

韩琦在定州，作《阅古堂诗》及记，远寄江南。仲淹亦有《阅古堂诗》。自罢政后，仲淹与琦书问不绝。

三年

六十三岁。

在青州，有《青州谢上表》。举张讽为判官、李厚为推官，有《举张讽、李厚充青州职官状》。

改变青民纳赋方法。杜杞死，有《祭杜待制文》。有《太子中舍致仕上官君墓志铭》。

写《伯夷颂》，寄苏才翁、文彦博、富弼、杜衍。以疾乞闲郡，有《陈乞颖亳一郡状》。

有《石子涧二首》。

四年

六十四岁。

徙知颖州。行前有寄韩琦书，谓扶病上道，天已初暑。五月甲子，至徐州。时孙沔知徐州。有《遗表》，一无所请，不及家事。

参考书目

（依引用先后为序，其未注版本者均今通行本）

《范文正公集》　　　　　（宋）范仲淹　　四部丛刊本
《宋史》
《续资治通鉴长编》　　　（宋）李焘　　　浙江书局本
《宋会要辑稿》
《太平治迹统类》　　　　（宋）彭百川　　适园丛书本
《王禹偁事迹著作编年》　徐规
《隋书》
《资治通鉴》　　　　　　（宋）司马光
《五朝名臣言行录》　　　（宋）朱熹　　　四部丛刊本
《东轩笔录》　　　　　　（宋）魏泰
《墨客挥犀》　　　　　　（宋）彭乘　　　进步书局校印本
《宋人逸事汇编》　　　　丁傅靖　辑
《东都事略》　　　　　　（宋）王称
《能改斋漫录》　　　　　（宋）吴曾
《宋史纪事本末》　　　　（明）陈邦瞻
《渑水燕谈录》　　　　　（宋）王辟之
《皇朝事实类苑》　　　　（宋）江少虞
《续湘山野录》　　　　　（宋）僧文莹　　学津讨原本

《旧唐书》		
《晋书》		
《续资治通鉴》	（清）毕沅	
《林和靖集》	（宋）林逋	长洲朱氏校刊本
《涑水纪闻》	（宋）司马光	丛书集成本
《后汉书》	（刘宋）范晔	
《宋史翼》	（清）陆心源	光绪刊本
《后山先生集》	（宋）陈师道	适园丛书本
《史记》	（汉）司马迁	
《两宋史论》	关履权	
《老学庵笔记》	（宋）陆游	丛书集成本
《欧阳文忠公集》	（宋）欧阳修	四部丛判本
《苏舜钦集》	（宋）苏舜钦	
《李觏集》	（宋）李觏	
《梅尧臣集编年校注》	朱东润	
《宛陵先生集》	（宋）梅尧臣	四部丛刊本
《云麓漫钞》	（宋）赵彦卫	
《杜少陵集详注》	（清）仇兆鳌	万有文库本
《诗林广记》	（宋）蔡正孙	
《西夏史稿》	吴天墀	
《儒林公议》	（宋）田况	丛书集成本
《三朝名臣言行录》	（宋）朱熹	四部丛刊本
《宋文鉴》	（宋）吕祖谦	清光绪江苏书局刻本
《汉书》	（汉）班固	
《却扫编》	（宋）徐度	丛书集成本
《张载传》	（宋）张载	
《全宋词》	唐圭璋	

《石林燕语》	（宋）叶梦得	
《书林藻鉴》	马宗霍	
《中国历代户口、田地、田赋统计》	梁方仲	
《乐全集》	（宋）张方平	四库本
《隆平集》	（宋）曾巩	清康熙彭期刊本
《龙川别志》	（宋）苏辙	
《包孝肃奏议》	（宋）包拯	清同治省心阁本
《公是集》	（宋）刘敞	丛书集成本
《安阳集》	（宋）韩琦	清画锦堂本
《辽史》		
《韩魏公集》	（宋）韩琦	丛书集成本
《宋朝兵志初探》	王曾瑜	
《青箱琐记》	（宋）吴处厚	进步书局校印本
《白居易年谱》	朱金城	
《水经注校》	王国维	
《唐诗纪事》	（宋）计有功	四部丛刊本
《困学纪闻》	（宋）王应麟	
《唐诗三百首注疏》	（清）章燮	
《梦溪笔谈》	（宋）沈括	影元本
《鹤林玉露》	（宋）罗大经	
《文潞公集》	（宋）文彦博	山右丛书本
《梅尧臣传》	朱东润	